1

2

Das ist der Anfang mit einem Gebet eines bayerischen
Pfarrers aus dem Jahre 1864

Lieber Herr und Gott!
Setz' dem Überfluss Grenzen
Und lass die Grenzen überflüssig werden.
Nimm' den Ehefrauen das letzte Wort
Und erinnere die Männer an ihr erstes.
Gib' den Regierenden ein besseres Deutsch
und den Deutschen eine bessere Regierung.
Schenk uns und unsere Freunde mehr Wahrheit
Und der Wahrheit mehr Freunde.
Bessere solche Beamten, die wohl tätig,
die aber nicht wohltätig sind, und lass' die,
die rechtschaffen sind, auch recht schaffen.
Sorge dafür, dass wir alle in den Himmel kommen,
aber wenn Du es willst, noch nicht gleich.

3.6.2002

ERLEUCHTUNG
DURCH ALKOHOLISCHE GETRÄNKE

LEBENSERFAHRUNGEN
VON WOLFGANG SCHORAT

ISBN - 978 - 3 - 932209 - 28 - 4

TONSTROM
VERLAG

Vorspiel

Das Denken soll immer, wird immer, von anderen beschnitten. So wie die Beschneidung ein anderes denken dem gegenüber ist, der beschnitten wird, ohne Ausnahme, ist es weltweit organisiert und Organisationen, wollen dein Denken beschneiden und tuen es schon seitdem du in der Welt der Stoffe bist. Diejenigen die dein Denken beschneiden, sie suchen ihr Heil in Konfirmation oder Konfirmation, im Glauben-gleichen Glauben-egal welcher Glaubensrichtung. Dafür gibt denn sogar die Glaubenspolizei die dafür sorgt dass bloß das geglaubt wird was schon vor geglaubt wurde.

Doch Glaube ist ein prähistorisches Relikt, ein Steinzeitwerkzeug das zwar wirksam ist, und war, aber bloß solange, bis Intelligenz selbständiges Denken, Wollen und Handeln sich verallgemeinert hat, was aber zbs. immer noch durch Institutionen-Bürokratie-und Selbstverblödung plus Machtmissbrauch, Ausbeutung, Lug und Trug, und Betrug, verhindert werden soll und wird.

Auch jetzt im Jahr 2002.

Trotzdem, Selbstvertrauen wächst auch in Deutschland wieder.

Denn, was passiert, wenn Schafe, Ziegen, Kühe, und

Schweine, Fische, Blumen, und Pflanzen gezüchtet werden.

Sie werden duftlos und geschmacklos.

Sie werden Schein-Heilig.

Aber was passiert wenn Blumen, zum Beispiel Tulpen-Narzissen Lilien nachdem sie geblüht haben sofort abgeschnitten werden.

Sie werden im nächsten Jahr entweder gar nicht erscheinen oder aber, bloß Blätter bringen ohne Blüten.

Weil man ihnen ihr volles Potenzial zu früh abgeschnitten hatte. Dieses so in Freiheit erschaffene Potenzial ist die Ganzheit ihres vollen Wachstumzyklus, und das wurde ihnen verweigert, abgeschnitten, nämlich die Ausbreitung und Reifung des Samens.

Dieses Beispiel nehme ich um die Blume des freien Denkens und kreativen Selbstausdrucks damit hervorzuheben zu symbolisieren.

Das ist der Nachteil eines organisierten Staates der von Organisationen wie eine dumme, dumpfe, Gehorsams und Arbeitsorganisation aufgebaut wird.

Also eine noch typische Raubsäugetiermethode mehr nicht.

Weil regulierte Vorstellungen die Freiheit des Dekens und Vorstellens als Gesamtsystem der menschlichen

Gesellschaften, egal ob es die Taliban-Neandertaler oder die sogenannten demokratischen Sekten sind, ihnen wird überall auf der Erde vorgejodelt egal in welcher Jodelform auch immer, was sie zu denken und wollen haben.

Das ist noch typische Raubsäugetier Jodelei.

Das frühzeitige abschneiden der blühenden Blumen in diesem Fall auf Tulpen bezogen oder das eben nicht sich voll entfalten sollen der menschlichen Fähigkeiten und kreativen Vielfalt wird von sehr vielen menschlichen Sekten aus Angst vor der Wahrheit oder aus Unwissenheit was Wahrheit ist angewendet. Seine kreative frei-denk-Fantasie-wird immer noch abgeschnitten durch Glaubensdogma egal welcher Art-also Kunst, religiös, politisch-wirtschaftlich-wissenschaftlich oder egal was sonst noch. So wird er bloß zum Werkzeug gemacht und verarmt so wie ein Stall Tier im Wohnzimmer seiner TV und Computerwelt.

Das ist einer der Gründe warum durch Deutschland auch kein Ruck gehen kann. Außerdem habe ich noch nie einen Ruck gesehen, und auch keinen der gehen kann.

Weil in Wirklichkeit alles, aber auch alles, unter Kontrolle sein soll.

So viel Angst haben die immer noch, obwohl die schon das Geld kontrollieren-die Wissenschaft-die Religion-die Wirtschaft und so weiter. Dieses Büchlein, ich, möchte hier etwas Freiheit widerspiegeln. Freiheit die ich bin, bleiben werde immer war und sein werde, Freiheit von Sektendenken aller Färbungen, politische Sekten wissenschaftliche Sekten wirtschaftliche Sekten religiöse Sekten wie zum Beispiel die Christen die Moslems die Buddhisten die Jain, die Hindus die Juden und so weiter. Sie sind allesamt in ihrem Sektentum gefangen und haben somit die Freiheit nicht erkannt und gelebt und nun sind sie weltweit in ihren Sektengefängnissen ihrer engen Raubsäugetierideen und Vorstellungen gefangen, was ja weltweit durch die Konflikte egal welcher Konflikte auch immer erkennbar ist.
Sekten sind auch Deutsche-Amerikaner-Russen-Chinesen oder QueerflötenNationalitäten.

„Jeder Mensch wird als Genie geboren aber fast alle sterben als Idioten"
Charles' Bukowski

Aber warum wohl ?
W.Schorat

8

ERLEUCHTUNG DURCH ALKOHOLISCHE GETRÄNKE

Alkoholische Getränke werden schon seit sehr langer Zeit von Lebewesen verwendet. Ein amüsantes Beispiel sind ja auch die Affen und Elefanten in Afrika die sich voller Früchte essen die wohl sehr Schmackes sein müssen und dann schon nach kurzer Zeit ihren Rausch bekommen und torkelnd umher watscheln, was natürlich sehr witzig aussieht wenn so ein Affe da schlendernd torkelnd auf der Steppe sein Stolpergang macht. Oder wenn die Elefanten sich so voll dröhnen das Seegang sichtbar wird.

Aber woher kommt es eigentlich, dass die Wesen wissen wo sie sich einen Rausch und der damit verbundenen entkontrollierung herholen können. Denn auch in den von Giftzivilisationen und Computerwelten weit entfernten Urwäldern des Amazonas oder dem Jungel der sibirischen Welten oder den tropischen Wäldern der anderen globalen Wald und Schlangenzivilisationen, haben die Menschen sich sehr schnell was zusammengebraut.

Ja woher kommt das wohl?

Diese Frage zu beantworten überlasse ich jedem selber.

Aber wer sie in Bezug zur Wahrheit beantworten kann, wird schon alleine dadurch erwacht und erleuchtet werden.

Diese Braukunst ist natürlich über die Generationen hinweg weiter entfaltet worden mit dem Resultat der heutigen Produkte auf der wirkenden Erdoberfläche.

Meinen ersten Rausch hatte ich an meinem 17.ten Geburtstag.

Ganz schön übel war's danach. Aber es hatte mich nicht davon abgehalten weiter zu rauschen. Später in München sah ich in einem Laden sogenannte Kampftrinkeraufkleber und Plaketten.

Soweit würde es mit mir nie gekommen sein. Aber es würden schon viele Jahre vergehen um zur Erleuchtung zu kommen.

Alkoholische Getränke und die dafür vorhandenen Umgebungen waren ja in Massen vorhanden. Und was deine Vorfahren dir anbieten kann und soll ja auch für die Nachfahren sein.

Als ich 18 war und meine Lehre zu Ende war bei der Firma Arnold Kiekert Söhne in Heiligenhaus, da war auch eine wirtschaftliche Flaute und die Bundeswehr wollte mich.

Ich aber wollte weder die wirtschaftliche Flaute noch die Bundes Wehr. Mir war jedes Soldatensein ein

unangenehmes Relikt der weltweiten Raubsäugetier-
mentalitäten die ihren Wahn auf Kosten anderer egal
wie und wenn sie auch sagen im Namen des Gesetz-
tes, was reine Willkür ist, durchzocken.
Mein Selbstbewusstsein-ich-durchschaute die dumpfen dummen Strategien dieser Schachspielgeneratio-
nen der Langeweile und des Aberglaubens-egal welcher Nationalität auch immer.
Das war für mich einfach zu blöde.
Und heute,2002,haben es die Strategen der übelsten
Sorten, die gigantische Sektoren der Wirtschaft kontrollieren, geschafft, die deutschen Politiker in die
Falle zu kriegen, indem sie ihnen Ruhm und Einfluss
international vorjodeln und das die deutschen nun
wieder in die Weltgemeinschaft aufgenommen sind.
Aber was für eine Weltgemeinschaft das ist indem sie
die deutschen blöden Politiker international an krie-
gerischen Aktivitäten-im Sinne der Sicherung und
des Aufbaus einbinden-das ist eine Strategie Gelder
die anders gebraucht werden-auszugeben-das wissen
die bei denen die Politiker die Gesammmtschulden
gemacht haben-die vor einigen Wochen noch
1.225.886.974.591 Euro betrugen
das ist eine Billion
225 Milliarden

886 Millionen
974 Tausend
591 Euro.

Die andere Strategie ist folgende: „Den mittelständischen Betrieben wird der Kredit gekündigt und Kredite nicht mehr gegeben". Die Resultate wissen jene die das Geld kontrollieren. Arbeitslosigkeitssteigerung und Armut weil die Raubsäugetiere immer noch daran glauben, ans Geld als der Quelle des Lebens, blöder geht's wohl nicht mehr. Die andere Quelle der Verarmung und Unruhen und Unzufriedenheit ist so geplant dass man die Fremdenfeindlichkeit und dergleichen aufbauen will, alles um den Aufbau Ost zu verhindern und um das internationale Sektentum zu fördern.

Ok, wieder zurück weswegen ich also damals Deutschland verließ, das wirtschaftliche war schlecht in Heiligenhaus Schloss und Schlüsselindustrie, so wurde ich nach der Lehre nicht übernommen, sollte aber von der Bundeswehr übernommen werden. Nein danke so ein Schrott brauch ich nicht. Also wanderte ich als Immigrant nach Kanada.

Nach der Arbeit bei meinem Onkel in Winnipeg trank ich 1-2 Gläser kanadischen Rye Whisky Seagram's mit Sprite oder Ginger-Ale. Schmeckte gut. Tagsüber strich ich Wände an, mischte Farben, oder stieg auf lange schwankende Leitern auf denen die Alten nicht mehr steigen wollten, in Winnipegs Milionärsviertel genannt Taxido.

Diese Arbeit gefiel mir am besten. Da konnte ich oben auf den Dächern sein, einen schönen Blick genießen, frische Luft atmen und meine Arbeit machen. Die Häuser sind aus Holz und ich strich das Holz an, meistens weiß.

Ich kam am 6 Juni 1966 in Winnipeg an und arbeitete bis zum Herbst bei meinem Onkel .Hatte den Flug bei ihm abgezahlt und die 10 Mark die ich in der Tasche hatte als ich ankam hatten sich nun zu einigen Tausend zusammengespart. Winnipeg, Manitoba, gefiel mir sehr gut. Alles war neu, frisch und unbekannt, also Lernen

In Winnipeg gab's bloß in den extra-Alkoholläden alkoholische Getränke, das war neu. Aber in der Innenstadt sah ich doch einige ziemlich wirr aussehende Ureinwohner des Landes. Sie waren ziemlich alkoholisiert, aber das war natürlich nicht das Bild Winnipegs, die eine schöne offene Atmosphäre als Stadt hat und mir gefiel. Der Fluss Red River floss durch die Stadt. Und alle Städte, die Flüsse haben gefallen umso besser. An Wochenenden fuhr ich mit meinem Onkel Erich Weiß dem Bruder meiner Mutter oft nach Ontario Kenora zum Lake of the Woods Gegend, um dort an irgend welchen Seen zu angeln. Er hatte dort sein Boot liegen. Gefangen wurde sehr viel. Fast immer Hechte. Dort sah ich meine erste riesen Snapper Schnapp Schildkröte-die etwas Uriges etwas Saurier mäßiges hatte und gefährlich aussah. Ich sah wie sie sich einen Fisch nach dem anderen, die wir gefangen hatten, von der Kette abbiss, so das bloß der Kopf dran blieb.

Nach einigen Monaten wollte ich in meinen Beruf zurück. Ich bekam die Möglichkeit bei der Firma Dominion Bridge, eine Schwermetall Firma die Brücken und andere Schwermetall arbeiten fertigte.
Hier bemerkte ich meine Grenzen in Bezug zum Berufsausüben, die Sprache. Ich hatte in den Monaten bei meinen deutschen Verwandten auch auf der Arbeit, fast immer bloß deutsch gesprochen. Das war jetzt bemerkbar, ich war zu verklemmt, irgendwo,

da im Köpfchen, und die Kommunikation war nicht so wie sie hätte sein können, also wurde ich wieder entlassen, nach 3-5 Monaten, ich hab's inzwischen schon vergessen. Ich erinnere mich bloß noch daran, dass ich im Winnipeg Winter dort zur Arbeit mit dem Bus fuhr und den sagenhaften Winter erlebte und genoss, mit Temperaturen zeitweilig unter 30 sogar 40 Grad Minus. Und dann wurde noch der Windschillfaktor mit zugerechnet, das manchmal Temperaturen über 50 Grad Minus waren. Aber, ich will hier in diesem kleinen Schrieb nicht zu ausführlich werden sondern bloß einen kleinen Werdegang schriftlich fixieren der dazu hinführen soll den Sinn dieser Erfahrung mit alkoholischen Getränken aufzuzeigen.

Ich war also danach wieder bei meinem Onkel am wirken, als Maler. Selbstverständlich war mir klar das meine Sprach - Begrenzungen kein Vorteil waren.

Irgendwas in meinem Kopf, entschied sich dann Winnipeg zu verlassen, ich wollte wieder zurück in die Bundesrepublik. Ich hatte einige tausend Mark oder kanadische Dollar gespart, damals noch über Vier Mark der Dollar.

Im März April 1967 kaufte ich dann ein Erste Klase Ticket von Winnipeg nach Halifax. Ich hatte mir vorgestellt, dort auf einem Schiff anzuheuern und wieder nach Germany zurückzukehren...

In meinem Handgepäck war eine schwarze Ledertasche voller Bushmills irischem Whisky. 8 Flaschen waren darin. Während der Zugfahrt wurden viele Menschen kennengelernt. Und es wurde herzhaft gebechert, wie so schön gesagt wird. Ich nahm auch eine meiner Flaschen mit und ließ den Saft laufen.
Auf der Strecke Winnipeg Ottawa hatte ich starke Kommunikation mit einer jungen Frau aus Ottawa. Ihren Namen habe ich schon vergessen. Wir waren gleich jung, 19 Jahre.
Die Fahrt ging weiter. Ich hatte ein Roomett, ein eigens kleines Abteil, zum schlafen, oder Alleinsein wollen und können. Was ja wichtig ist. Die Fahrt aus der Mitte Kanadas der Prärie in Richtung Osten zur Atlantik Küste Kanadas und Insel Nova Scotia war beeindruckend. Die Größe des Landes war einfach enorm. In Neubraunschweig angekommen gab ich dem zuständigen Schaffner und Betreuer der Erste Klasse Abteile, einem afrikanischer Herkunft Kanadier der in Halifax lebte, eine Flasche Bushmills weil er so symphytisch war und sehr hilfreich. Als ich in Halifax ankam, war er nicht wie üblich anwesend.

Ich wunderte mich wieso, ging noch zu seiner Kabine um mich zu verabschieden. Da lag er da und schnarchte. Er hatte sich zu viel von dem Whisky vorgenommen.

In Halifax ging ich sofort zum Hafen. Dort lag ein deutsches Schiff. Ich ging zur Mannschaft hoch und fragte ob sie mich mitnehmen würden nach Deutschland. Nach einer Stunde sagte man mir ja. Kein Problem sie würden noch nach Südamerika fahren und dann zurück nach Deutschland. Es war ein VW-Autoschiff. In zwei Tagen würde das Schiff weiterfahren nach Südamerika. Ich kann sofort an Bord kommen. Ok.

Als ich zurück zu dem Hotel ging wo mein Gepäck war überdachte ich nochmal weswegen ich überhaupt nach Kanada gekommen war. Weil ich nicht zur Bundeswehr wollte und all dem damit verbundenen Denk und Handlungsverbindungen. Innerhalb von Einer Stunde hatte ich dann schon wieder eine Bahnkarte nach Ottawa, und war noch am selben Tag wieder im Zug. Nein ich wollte nicht aufgeben mit meinem vorhaben.

In Ottawa nahm ich ein Zimmer in einem Haus in der Nähe der Bank Street, und zwar in 68 Barton Street. In dem Haus waren noch zwei andere junge Männer Gordon Ross und Murry Wilson. Beides waren Studenten in der nahe gelegenen Carlton Universität. Das gefiel mir sehr gut. Studieren. Wissen. Bildung. Ich verbrachte einige Zeit an der Universität, als Zuschauer.

Der Frühling war stark. Ich besuchte die Frau die ich auf der Zugfahrt von Winnipeg nach Ottawa getroffen hatte. Ihre Familie war sehr wohlhabend und die junge Frau gefiel mir sehr gut.

Ihr Vater war ein Admiral in der kanadischen Marine. Ich unterbrach den Kontakt dann zu dieser Familie. Armee nein danke.

Ab und an trank ich etwas Bier. Der Whisky war längst verbraucht. Ich lebte von dem ersparten Geld. Das Zimmer kostete damals 40 Dollar im Monat.

Wenn ich mich richtig erinnere lebte ich etwa ein Jahr von meinen Ersparnissen.

Es wurde immer weniger Geld und ich musste sehr sparsam leben. Aß weniger und wurde immer dünner, und wog später bloß noch 86 Pfund.

Inzwischen hatte ich auf der Carlton Universität Freunde gemacht. Und auch die beiden Studenten im Haus, mit ihnen hatte ich ein gutes Verhältnis.

Gordon Ross bereitete sich auf seine Professur in Mathematik vor. Wir hatten oft mathematische Gespräche wo er mir seine Themen erzählte, und es war leicht ihnen zu folgen, und sogar Antworten zu geben die bei ihm schon nicht mehr kamen da er sichtbar schon zu starr wurde indem er sich mit der Thematik zu lange befasst hatte und ein Fach Wesen wurde. Das ist immer der Anfang vom Ende, weil es zu spezialisiert wird und das wesentliche in den Hintergrund gedacht wurde.

Nämlich Du selber.!

Auf der Universität mit seinen sehr vielen Feten und Festen traf ich auch meine später Frau Frances. Sie brachte mich am ersten Abend mit Marihuana in Verbindung. Ich solle es doch mal versuchen. Ich hatte das Rauchen vor einigen Monaten dank Wachsamkeit aufgegeben. Ich hatte etwa 1. Jahr Zigaretten geraucht. Damals rauchte ich Export Plain ohne Filter. Der starke Mann Typ. Einmal morgens nach dem aufwachen steckte ich eine Zigarette an und wurde plötzlich schwindelig. In dem Moment sah ich das ich meinen Körper abtöte. Ich hatte sofort mit dem Rauchen aufgehört und konnte Monate lang auch keinen Zigarettenrauch mehr tolerieren.

Die Marihuanazigarette machte mich irgendwie entspannter und ich erinnere mich das mich diese Studentin Frances fragte was ich mal machen möchte.

Ich sagte ihr Schriftsteller werden, schreiben, Bücher schreiben, Geschichten erzählen, sowas.

An diesem Abend zeigte sie mir unter dem Einfluss des Marihuanas die Räumlichkeiten der Universität. Die Uni ist mit unterirdischen Tunnelsystemen ausgebaut. Das ist insbesondere im Winter sehr angenehm. Einmal öffnete sie mir ein Zimmer indem eine Gruppe von Jungen saß und diskutierten und redeten. Ich hörte wie sie sagten dass es Gott das göttliche nicht gibt. Ohhhh das war mir sehr, sehr, unsympathisch und ich ging sofort weiter.

Ich hatte nun kaum noch Geld und wurde immer dünner und hatte aber die Blockade Arbeitslosengeld zu beantragen, denn ich hatte ja bei meinem Onkel die Gelder dafür eingezahlt. Wenn ich mich richtig erinnere überwand ich diese Sperre aber und beantragte Arbeitslosengeld. Ich bekam eine winzige Menge. Das war mehr als höchste Zeit. Ich war schon auf 46 Kilo abgemagert. Ein wandelndes Skelett.

Aber mir selber ging's sehr gut.

Die Universität machte Schluss und die Studentin Frances fuhr nach Montreal wo sie bei ihren Eltern lebte. Ich blieb in Ottawa.

Ich suchte Arbeit. Fand sie als berühmter Tellerwäscher oder Kitchen Helper in dem Restaurant Diamond Bar-b-Q an 114 Bank Street.

Der Küchenchef war ein runder gutmütiger Italiener der sofort erkannte in welcher Situation ich war, und er sagte gleich:"Wolfgang du musst erst mal jeden Tag die Doppelte bis Dreifache Menge essen." Essen war kostenlos und es war sehr gutes Essen.

Mario der Küchenchef zauberte aus allen Rohren und Löffeln. Ich war sehr froh wieder zu essen zu haben, und die Fotos von mir wie ich in der Küche arbeite und im Keller frische Kartoffeln zu Pommes schneide hatten schon den Ghandi-Effekt und den gekreuzigten Effekt gut sichtbar. Der Stress war echt im Gesicht, aber mein Lachen war mir nie vergangen.

Ich reinigte die Essenteller schälte Kartoffeln und half in der Küche was auch immer zu machen war. Die beiden anderen Hilfen waren auch zwei junge Franzosenkanadier die in Quebec lebten auf der anderen Seite des Ottawa River in Hull. Der Fluss war sozusagen die Grenze zwischen Ontario und Quebec. Durch sie lernte ich die Franzosenkanadier kennen. Ein interessantes Völkchen. Voller Lebensfreude und FreiheitsElan.

Am 15 Juni 1968 verließ ich das Restaurant. Ich war 3 Monate dort gewesen. Gut erholt gut genährt und hatte wieder einiges zusammen gespart. Der Manager James Hansen oder Hansed, schrieb mir einen symphytischen Empfehlungsbrief. Das ich sehr weit im Leben kommen würde da ich das richtig Temperament dafür habe. Das ich ehrlich vertrauenswürdig und einiges schönes mehr sei.

Ich verließ Ottawa und fuhr nach Montreal. Nun sprach ich die Sprache, schon wesentlich besser, da ich nun ununterbrochen mit Kanadiern zusammen gewesen war und nicht mit Deutschen wie in Winnipeg.

Ich wurde Kanadier, ich war sehr glücklich. Nahm mir ein schönes kleines Apartment in Dollar des Ormeaux etwas außerhalb von Montreal, Richtung Westen, in der Nähe des Sankt Lorenz River.

Es dauerte nicht lange und ich hatte eine Arbeitsstelle in meinem Beruf. Ich arbeitete für die Firma Dominion Lock in Montreal. Die Firma stellte Schlüssel her und zwar Kopien von sämtlichen Auto und anderen Schlüssel die es auf der Erde gab. Rohlinge die später dann zugeschnitten wurden. Mein Chef im Konstruktionsbüro war ein Österreicher. Ein humorvoller Mensch. Während der Zeit in dieser Firma wurde mir das Angebot gemacht grafisch tätig zu werden in dem ich die Zeichenarbeiten-Grafiken für den damals größten Schlüsselrohlingskatalog der Erde mit gestaltete. Dafür war oft arbeiten nach Feierabend notwendig und auch an Wochenenden.

Ich hatte mir einen sogenannten Lerner Lizenz besorgt um meinen Führerschein zu machen und kaufte auch einen schwarzen VW-Käfer für 200 Dollar. Den fuhr ich quer durch Montreal ohne den endgültigen Führerschein zu haben. Den Führerschein bekam ich folgendermaßen. Ich meldete mich zur Führerschein Prüfung in Montreal an. Korruption ist, ja bloß für Geld bekommst du alles, oder für etwas zu Essen bekommst du das und jenes und so weiter. Als ich zur Fahrprüfung kam und zweimal um den Häuserblock gefahren wurde, ich fuhr, sagte der Prüfer: „ Wolfgang, wir können jetzt noch 5-mal diese Prozedur wiederholen, oder aber du gibst mir 15 Dollar und holst dir deinen Führerschein ab". War doch wohl klar was ich machte, oder. Schon in der Bibel steht: „Diejenigen die die Gesetze aufbauen und den Menschen zwischen Recht und Unrecht platzieren wollen, sind immer die Schuldigen und wollen andere Schuldig machen, weil es reine menschliche Willkür ist und es solange der Mensch noch Raubmensch ist die sogenannte menschliche Gesetzgebung und deren Gesetze hauptsächlich Besitzgierrecht ist, mehr nicht. Gesetze sind hauptsächlich Gieranspruch und so weiter und so weiter". Jedenfalls, während dieser Zeit bei der Firma Dominion Lock und dem Leben in Montreal und Umgebung lernte ich viele Menschen kennen und wurde noch mehr Kanadier.

Die Studentin Frances, die noch etwas weiter westlich lebte in Pointe Claire, sie ging inzwischen zum McDonalds Lehrer College. Und ich war häufig Gast bei ihr und ihren Eltern, die aus England kamen. Ihr Vater war Entwicklungschef bei Rollce Royce in Montreal und fummelte an den Düsen herum. Ihre Mutter war gehobene englische Lebensart. Denn ihr Vater galt als der Entwickler der Golfmode und hatte ein Reichtum aufgebaut der enorm war.
Wenn ihr Vater nach Kanada kam, ließ er sich mit einem gemieteten Rollce Royce durch Kanada gondeln. Aber die Mutter von der Studentin Frances hatte jemand aus der englischen Arbeiterklasse geheiratet.

Sooo, jetzt erst mal Pause. Heute ist der 5.6.2002 und in 30 Minuten spielt Deutschlands Fußballmannschaft gegen Irland.

1:1, in der letzten Minute schossen die Iren das Tor. Die Deutschen spielten stark, aber bloß defensiv stark, das ist ein starkes Manko.

Durch die Studentin Frances lernte ich ihre Brüder kennen und deren Freunde. Die alle jünger waren als sie oder ich. Sie gingen noch zur High Schule-Gymnasium, aber mit der Zeit wurde der Alkohol Konsum fast zur Standard Ausrüstung der Lebens-mitteleinkäufe.
Ich trank Bier, Wein, ab und an Cognac. Es wur-den viele Feste gefeiert, mit den Firmenangehörigen, Weihnachten oder Sommerfeste und so weiter. Die Weihnachtsfeier von der Firma Dominion Lock war groß. Damals trank ich dann auch Wodka. Es schien so als ob die Getränke mir kaum was den Effekt angeht anhaben würden. Einige Menschen auf der Weihnachtsfeier dachten ich wäre Schotte wegen des Akzents, so gut hatte ich die Sprache angenommen. Als ich dann aber wieder bei mir in der Wohnung war und ein Bad nahm, schlief ich ein, und wäre bei-nahe abgesoffen. Ich war danach doch merklich un-glücklich. Da stimmte was nicht in meinem Leben. Das von Unglücklichen bestimmt war deren Systeme und Strukturen.

1969 hörte ich bei der Firma auf, da ich mehr Geld wollte aber der Chef meinte ich solle mehr Erfahrung bekommen, dann würde ich auch mehr Geld bekommen. Aber mir ging's um die Arbeit die ich machte und dafür bekam ich zu wenig Geld. Also besorgte ich mir eine neue Stelle in Montreal bei der Firma Vapor Canada an der Courtrai Avenue. Mein Verdienst war 30% mehr als bei der alten Firma.

Überall, wenn man sich traf bei Bekannten wurden Alkoholische Getränke konsumiert, serviert. Aber mittlerweile wurde auch mehr Cannabis ins Spiel gebracht. Der Bruder der Studentin, Robert, und sein Freund rauchten Cannabis und deren Freunde besorgten auch Afghanen Hasch oder Nepalesisches Tempelhasch. Das war damals alles sehr einfach und ohne jegliche Bedrohung wie heute und auch nicht mit dem kriminellen Ausmaß wie es heute gehandhabt wird.

Ich war 21 als ich die Stelle bei Vapor Canada annahm. Um mich herum entwickelte sich die menschliche Gesellschaft global, es gab die ersten Studentenrevolten, Amerika war mit dem Vietnam Wahnsinn verblödet und all das interessierte mich nicht, weder noch Demonstrationen noch Kriege noch die menschliche Gesellschaft, global. Nach arbeitsreichen Wochen wurde am Weekend, oder Wochenende viel gefeiert, denn die Ausbeutung war groß und die Unwahrheit noch größer die von vielen gelebt wurde und als Recht oder Wahrheit dargestellt wird oder als Gesetz sogar. Es formte sich eine Gruppe von Bekannten und sogenannten Freunden. In Quebec wurden einige Politiker umgebracht, die Separatisten, so wie es dann formuliert wird, waren dann die Üblen, doch die menschliche Situation ist eine Situation des Mordens und der Überfälle gewesen, und die Helden vieler Nationen waren schlichtweg Massenmörder, egal welcher Nationalitäten.

Ich zog von Valois, da war ich, nach Dollard des Ormeaux, so war es, in ein Townhaus. Aus der Studentin war eine Lehrerin avanciert und sie und zwei andere Kolleginnen an der gleichen Schule, plus Ich, mieteten ein Reihenhaus. Gegenüber von uns lebte der Direktor von Seagram's, Whiskyfirma, von ihm bekamen wir alles was wir brauchten, wenn's ums Feiern ging.
Den Teil habe ich im Büchlein ROSA FRÜHLING IN MONTREAL, beschrieben.

Wann immer sich Bekannte trafen wurde Cannabis geraucht oder Hasch oder aber es wurden alle Arten von Pillen getestet, Mandrax, oder Pilze, oder alles wurde stark gemixt egal wie Hauptsache viel getestet und sich dabei wahrgenommen, es ging um die Grenzen kennenzulernen, zur gleichen Zeit arbeitete ich aber in dem Ingenieurbüro. Selbst da wurde später unter dem Einfluss von Cannabis gearbeitet und es hat der Firma nicht geschadet. Auch die Chefs mit denen ich arbeitete becherten bis zum umfallen oder aber rauchten ihren Joint.

Während dieser Zeit 1968 - 1969 erlebte ich einige gigantische Blizzards die den Winter enorm aufs Land brachten, so das bei meinem ersten Blizzard noch bei Dominion Lock, wir früher nachhause gingen. Es wurde einfach extrem dunkel vom Westen her und der Schneefall kam mit solch einer Wucht das binnen einer Stunde alles zu war vom Verkehr her. Ich ließ mein schwarzen VW - Käfer stehen und nahm die Bahn und den Bus. Es dauerte Stunden bis ich in Valois ankam, und aus der Bahn stieg. Dann, draußen, zu Fuß, wurde mir bewusst, hier geht es tatsächlich um Leben und Tod, des menschlichen Körpers, nämlich meinem. Montreal war zu gedröhnt aber nicht auf alkoholische Kunst sondern vom Klima. Der Schnee lag am folgenden Tag so hoch das ich aus dem ersten Stock aus dem Fenster gehen konnte und mir einen Weg nach unten bahnen würde.

Solche Erlebnisse waren einfach interessant. Niemand ging zur Arbeit. Im TV sah ich Bilder das in der Montreal City Menschen mit Skiern unterwegs waren, oder manche mit Skidoos, den Motorschlitten. Das Leben war ein Abenteuer und jede Minute wurde gekostet, mit einem kräftigen Lächeln, auch wenn's ziemlich übel physisch aussah. Aber mit Wodka hatte ich Schluss gemacht. Das beinahe ertrinken in der Badewanne nach der Weihnachtsfeier hatte einen üblen Nachgeschmack in mir und ich konnte kein Wodka mehr sehen oder schmecken, und würde auch nie mehr in meinem Leben ein Wodka trinken. Es gab Zeiten da wurde ich dann von Freunden eingeladen, zum Beispiel Sue und Chris. Das war noch in Ottawa. Sie luden mich und die Studentin Frances ins beste Hotel ein und spendierten mir alle Drinks die ich wollte um mich betrunken zu sehen, was ihnen nie gelungen war. Mein Wille und Bewusstsein war immer so gegenwärtig das ich über dem Effekt der alkoholischen Getränke stand, war, und lebte. Irgendwann in dieser Zeit schrieb ich mich an der

Sir Georg Universität in Montreal ein um moderne europäische Geschichte aufzubessern. Mein Lernwille meine Abenteuerwille meine Lebensfreude war auf Hochtouren, und auch die Studentin, nein die inzwischen Lehrerin für Special Education, Frances, wendete an mir ihre Fähigkeit an, indem sie mir zum Beispiel das Buch von Farley Mowat, Never Cry Wolf, vorlas, und dann nach der Hälfte sagte und nun musst du es zu Ende lesen, was ich auch tat.

Die deutsche Sprache existierte für mich gar nicht mehr.

Aber dafür kanadisches trinken, Bier, Wein, Champagner, und alle Sorten von Pillen oder Magic Mushrooms. Manchmal war die Belastung sehr groß, arbeiten, Leistung, Abendkurse, Uni, Freunde, die inzwischen geliebte Studentin und sehr oft Menschen bei mir in der Wohnung die ihre pflanzlichen Extrakte mitbrachten. Die dann auch benutzt werden sollten. Ich kannte fast niemanden in meinem Berufskreis und anderen Umfeld der keine alkoholischen Getränke zu sich nahm und keine anderen Sorten von Pflanzenextrakte konsumierte, sei es Cannabis, Hasch oder Cocain. Das erleben war schon ein Rausch. Die Wellen sausten vorüber. Das dröhnen der Töne war zu hören. Aber die Melodie wurde nicht genau entschlüsselt. Zu Weihnachten fuhr extra jemand nach Indien um frisches Nepalesisches Tempelhasch dort zu kaufen und 1-2 Kilo, ganz einfach per Post nach Kanada zu senden. Gutes Cannabis zum Beispiel Acapulco Gold, oder vietnamesisches Gras, kamen in Massen ins Land. Es war sehr einfach Zentnerweise davon zu bekommen wenn man nur wollte. Einige unserer Bekannten bauten sich ein Handel damit auf.

Meine Bekannten waren, Lehrer, Physiotherapeuten, Banker, Versicherungsleute, Ingenieure, Manager, Accountant, Werkzeugmeister, Entwicklungskonstrukteure, Mathematiklehrer, Modellbauer, und so weiter ,keine sogenannten Penner oder der Abschaum der Menschheit, wie es immer so dargestellt wurde. Wir waren sozusagen die Pioniere bei allem was wir taten, ich tat, war viel Freude dabei, bis zum umfallen wurde manchmal gebechert und geraucht. Die stärkste Wirkung auf mich war ein Bier und dann 2-3 unterschiedliche Haschsorten und noch etwas Gras. Ich bekam den Beinamen - Wolflungs - wohl wegen des enormen Lungenvermögens. Es gab witzige Situationen. Einmal kauften wir Hasch von einem Zwerg in Downtown Montreal. Es war Winter. Zuerst wurden ja einige Joints getestet. Als ich unten auf der Straße ankam, bemerkte ich auf einmal dass ich keine Schuhe anhatte, es war Winter, muss sehr guter Stoff gewesen sein, Seide oder Superseide. Es kamen immer neue Menschen hinzu. Da war Porsche ein Modellbauer. Er fuhr einen silbernen alten 911 den er sich aufgebaut hatte. Er fuhr nach Florida um den Wagen voll Gras oder Koks aus dem Bergbau mitzubringen. Damals kostete Koks noch wenig, einige Dollar das Gramm. Auch wurden die Haare bei jedem länger. Die Rolling Stones taumelten auf der Erde herum und donnerten ihre Suchtlieder in das Universum. Wir lachten dazu und tanzten.

Die ganze Rock Musik mit Hose kam zur Entfaltung, aber Kanada blieb cool, das Land und die Menschen gefielen mir. Ich arbeitete an interessanten Projekten, Switch Heater Konstruktionen. Ein nach Temperatur und Schneefall gesteuertes System das Weichen freihält. Bei zu viel Schnee feuerten die Gas Düsen oder bei zu viel Kälte gingen die Flammen an in der Brennkammer. In der Firma gab's viele Deutsche in leitenden Positionen, da war immer Zoff, weil es immer um Besserwisserei ging. Für mich war das nichts. Ja mir gefiel sowas einfach nicht und ich hatte immer weniger Interesse an diesem Umfeld mit jungen Managern die Herzkollaps bekamen, oder mit Alten

die ich sah die schwer krank waren, mit den Macht-
kämpfen in den Abteilungen. Ich schaute mir das
alles in Ruhe an, ließ es auf mich wirken. Aber die
Abteilung Konstruktion in der Firma war prima. Da
war Herr Filonie ein Korse, da war Bruce der Grafiker und Musiker, und Weiberheld. Da war Richard
der aus Essen kam und Dreher gelernt hatte und
nun mein Chef war in der Konstruktion. So war's in
Kanada, wer was kann, egal wie bekam seine Chan-
ce, ganz ohne Schulbildung oder Diplome. Da war
Allen der schwermütige jüdische Zeichner. Da war
der Ungar der die Zeichnungen prüfte. Da war eine
Ungarin Helen, die sehr schön aussah voller Busen,
gut zum schmusen. Da war Berry ein gepflegter Kanadier und exzellenter Arbeiter als Konstrukteur. Da
war der Engländer Brian der die elektrischen Schalt-
kreise und deren Elektrowissen hatte. Da war ein
Österreicher und ein anderer Deutscher und noch
ein jüngerer als ich, ich nenne ihn mal Berry und
da war Rita die Frau mit Modellfigur und großen
Augen die einen freundlich anblickten in der Pause-
rei wo alle Arbeiten kopiert wurden, und die Bruce
ab und an in der Mittagspause, anvögelte. Da war
Manni, der als Accountant arbeitete und seine Frau
bei IBM eine leitende Position hatte. Und alle, aber

auch alle, nahmen pflanzliche Produkte. Aus der Sicht waren wir schon alle Vegetarier. Aber alle waren auch auf der menschlichen Ebene noch Raubsäugetiere, da sie und ich vom Töten lebten, indem wir alle noch Fleisch fraßen, denn von Essen kann dabei noch nicht geredet werde. Ich selber und einige meiner Kollegen gingen auch noch Angeln, und ab und an schoss Ich auch noch Wildhühner insbesondere im Herbst, fürs Kühlfach. Außerdem lagerte ich Fische ein. Kanada war ein, das, Schlaraffenland für mich, und das im Alter von 19-23 Jahren. Jedenfalls war die Gruppe mit der ich zusammen arbeite angenehm. Am Freitagnachmittag hörten wir schon früher auf mit der Arbeit, wir machten nur Blödsinn, und tanzten manchmal auf den Tischen oder wir bewarfen uns mit Toilettenpapier Rollen, sangen oder erzählten Witze, wobei ich doch, eher Zuschauer war. Als Zuschauer war ich auch in dem Reihenhaus mit den drei Frauen. Ich schaute und was ich sah gefiel mir. Ich verdiente mehr als meine Geliebte in der Lehrerbranche. Naja. Was soll's.

Ich übte das Zusammenleben mit der Lehrerin Frances. In dem Alter hatte der Körper noch keine Flexibilitätsschäden oder Überdruss wegen zu viel Genussmittel. Das Leben war noch ein schöner, reicher

Rausch, ohne jegliche zerstörerische Nebeneffekte, wenn ich aufpasste.

Dies Stadt Montreal war eine riesige quirlige Sahnetorte mit bester Schlagsahne zum naschen. Im Sommer waren die Straßen voll gepackt mit Menschen, im Winter sehr dezimiert und grau. Aber doch voller Aktivitäten, egal welcher Farbe auch.
Die Franzosenkanadier erprobten den Separatismus. Und ich, und die Bekannten den Drogismus. Auch eine Art des Separatismus.
Im Sommer fuhr ich sehr früh morgens zum Sankt Lorenz Fluss, um am Südufer dort wo die Caughnawaga Ureinwohner - die Indianer lebten, auf Forellen zu fischen. Ich war inzwischen Fliegenfischer. Fuhr auch zum Lachsfischen in die Gaspe Region um am Fluss Matane auf atlantische Lachse zu fischen. Meinen ersten 10 Pfünder fing ich auf eine große weiße Wuschelkopf Lee Wulf.
Irgendwann schrieb ich mich auch an die Loyola College Fakultät ein um Biologie zu studieren. Der Professor war katastrophal blöde. Ein totales dummes Egochen, der vergessen hatte das Studenten zum Lernen da sind und nicht um seine Unzufriedenheit mit ihnen zu bemerken. Ich hörte nach einem Se-

mester wieder auf. Es wurde einfach zu viel, arbeiten, Freunde, Frauen, massenhaft Wein, Bier, Sekt Champussy, massenhaft Cannabis ,Hasch der besten Qualität, Psylocibin Pilze, Mandrax, Speed, Cocain, massenhaft neue Musik, von Beatles über Stones nach T-Rex oder Who und Led Zep oder Jackson Brown, Dylan, Allmand Brothers, Beethoven ,Mozart ,Paganini, Bartok, oder die Musik die wir selber machten. Der Bruder von Frances spielte Gitarre, ich Bongos, der Freund Jonathan oder kurz Zän, spielte auch Gitarre. Wir waren eine lustige bunte Gruppe. Alle dabei ihr Leben in Montreal aktiv zu gestalten.

Manchmal saßen wir im Sommergarten im Sommer bei den Eltern von Frances in der Park Avenue 43 nein, Parkdale Avenue 43 in Pointe Claire, dort, wo Rodger, ihr Bruder noch zuhause lebte mit seinen Eltern, und ein Freund war gerade aus Indien gekommen, mit einer großen Tasche voller frischem schwarzem Hasch, der besten Güteklasse. Die Güteklasse war immer „wie viel wird gelacht, wie viel wird gegeiert, wie viel wird der Hunger kommen".
Ich habe einige Fotos von der Zeit, da waren wir beim Schach spielen auf der Wiese mit Frances, Rodger, und Less, der gerade aus Indien kam. Wir sahen

alle sehr „raumzeitlich" aus, mit großen roten Augen und einem dicken tiefen Lächeln im Gesicht. Jaja, das war beste Qualität.

Einer unserer Nachbarstudenten half mit einige der Unifakultäten mit abzufackeln. Sowas war nie bei mir im Sinn oder sonst wo, sich an solchen Aktivitäten zu beteiligen. Ich war immer erstaunt was in den Köpfen dieser Menschen passierte. Jemandem Schaden zufügen egal wen, das hatte in mir nix zu suchen, trotzdem ging ich noch fischen. Das war einfach Unbewusstsein. Trotzdem aß ich noch Files, Rinder, Schweine, Hasen, Hechte, Aale, Regenbogenforellen, Bachforellen, Lachse, Krabben, Hühner oder Puten. Das war einfach Gewohnheit und damit Unbewusstheit.

Mein Sparkonto wurde dicker, die Rinderfilet auch. Ich kaufte mit der Frances dann auf Märkten gleich ganze Files. Und gleich eine Kiste guter schwerer Wein.

Es kamen frische Menschen in mein Leben, zu mir nachhause, da waren auf einmal Freunde von Freunden, und deren Freundinnen, da hatte Rodger der Bruder von Frances eine neue Freundin, Rosan, oder Roxan, ihre Familie war jüdisch (nicht menschlich, nein, jüdisch) aus Altmontreal. Ich war immer erstaunt wenn sich jemand als jüdisch oder kanadisch oder Moslem oder als Christ bezeichnete, da war was faul an der Sache. Rosan studierte auch Pädagogik mit Rodger zusammen, an der gleichen Uni in Ottawa Carlton. Später, später, ihr Vater war ein gefragter Arzt in Montreal, er verschrieb sehr lokker Drogen und viele Musiker die dort gastierten kamen zu ihm. Auch die Stones damals. Eine Carl Sandberg Büste aus Bronze hing an der Wand bei denen. Carl Sandberg hatte schöne Gedichte geschrieben, die unter dem Einfluss von gutem reinem Hasch sehr wirkungsvoll waren da seine Fantasie weitreichend war. Altmontreal war faszinierend, die ganzen ethnischen Gruppen, insbesondere die bärtigen jüdischen Black Man Szene. Sozusagen Man in Black Vorhut.

Dann kam noch Opium hinzu, dort in Altmontreal. Aber weswegen nimmt man eigentlich so viele pflanzlichen Mittel, bewusst oder unbewusst soll etwas damit erreicht werden. Es ist die große Suche das suchen nach dem Sinn und dir selber. Die Suche nach Wahrheit und deiner eigenen Stärke und deinem Weg hier auf der Erde. Die Suche nach deinem Sprung dem Ur-Sprung aus dir selber heraus hier hinein. Denn egal was gemacht wurde es wurde alles so genau wie nur möglich wahrgenommen und beobachtet in seiner Wirkung auf einen selber.

Es gab lustige Szenen mit Rodger und Zän. Sie waren damals noch in der Lakesides High Schule. Sie waren voll geladen mit Cannabis oder sonst was anderem, oder war es Californy Sunshine LSD.

Ich hab's vergessen. Jedenfalls fuhren die beiden ein wenig undiszipliniert mehr mit einer Art Gummilinse anstatt perspektivischer Einschätzung mit dem Auto von Zän's Eltern ein wenig über die Vorgärten der Nachbarschaft und deren Autos. Sie hatten einfach ein sehr großes Herz an dem Tag und waren sehr großzügig mit ihrer Zielsetzung..So ungefähr.

Jedenfalls war einige Tage später die Gerichtsverhandlung und Frances und Ich waren in dem Holzsaal der, der mehr an die Aula einer terrassenförmigen griechischen Theaterszene erinnerte. Jeder wurde Einzeln zum Richter gerufen, der wohl Mildosan genommen hatte, jedenfalls als Zän an der Reihe war, stolperte er die Treppe runter und landete bäuchlings vor dem Richter und das ganze Haus lachte, ich auch. Zän war auf Wolke 24 und der, der Richter sah das auch, später würden Cheech und Chan die beiden US Szenenkomiker so ähnliche Szenen auf ihren LP's auftischen, zum Beispiel Dave der an die Tür klopft und in die Wohnung will weil die Cops hinter ihm her sind, aber derjenige der in der Wohnung ist, andauern antwortet, „Dave nein Dave ist nicht hier", naja, als wir das erste Mal LSD nahmen, das war mit Zän und Rodger zusammen und Frances, da kam dann doch eine andere Sichtweise zum Vorschein und Zän fragte mich danach, „Wolfgang „was war das", sowas hatte keiner erwartet, da öffnete sich was ganz anderes, das war riesig, riesig interessant, die spirituelle Tragweite kam zum Vorschein, aber alles noch unbekannt. Für mich und andere war das alles Freude am Leben und Beeinflussung durch andere. In diesen Jahren der Arbeit des Feierns und Leidens der Wirrnisse Kriege und Verblödungen, Ausbeutungen, Morde Betrügereien und der anderen globalen Abläufe kam dann Gandalf der große Weiße in mein und Frances Leben. Wir fuhren auf einen Bauernhof denn die Mitbewohnerin Gail hatte Freunde die junge Katzen hatten. Alle anderen jungen Katzen waren sofort verschwunden als sie uns in die Scheune kamen sahen. Bloß dieser kleine weiße Wuschelkopf ließ sich von mir sehr leicht einfangen. Er würde mit uns leben und sich zu eine echten Typen entwickeln. Insbesondere seine Jagdmethode auf Vögel war schon bemerkenswert und witzig-wenn er in einem Busch auf Deckung lag und ein Vogel in seiner Nähe war wurde er richtig aufgeregt und schaute fasziniert zu ihm hin. Er bereitete sich auf den Absprung vor, doch bevor er lossprang, wie in guter alter Indianermethodik, ließ er einen Furcht erregenden Schrei los, dann sprang er. Als ich das zum ersten Mal beobachtete, musste ich vor erstaunen lachen, später fragte ich mich was ist das bloß für eine Methode Vögel oder Mäuse zu fangen. Seine Fangquote war immer Null.

Er war ein seltsamer junger Kater, Gandalf the great White.

Dann kam noch Mathilda in unser Leben. Sie fanden wir halb erfroren und abgemagert noch ziemlich jung, und sie wurde eine schöne schwarze Dame die uns als Freunde angenommen hatte. Mathilda würde später als wir noch eine junge Katze angenommen hatten die ich im Winter fand auch abgemagert und fast verhungert, „verlassen" sie war nicht glücklich mit der neuen Situation und kam von Tag zu Tag weniger in die Wohnung bis sie nicht mehr erschien.

Der Drogenkonsum steigerte sich fast von alleine so als ob er ein Eigenleben hätte. Wir wollten immer neue Höhen erreichen neue Stärken erproben, neue Wege ausführen. Meine Haare waren inzwischen

Schulterlang und blond.

Bei der Firma Vapor Kanada war ich mit den Türen für die U-Bahn beschäftigt, Schwingfalttüren, denn die sollten für die Weltausstellung in Montreal fertig werden.

Ich arbeitete auch an einem Batteriecharger - für Fallschirmspringer, da musste ich dafür sorgen dass der nicht durch die Stöße aus dem Fall beim Landen, zu unwirksamen Kistenabfall würde. Aber nun wurde auch öfter montags blau gemacht. Ich war einfach noch zu fertig durch das feiern. Unbewusst wird ja alles verarbeitet was nicht bewusst verarbeitet wird. Und es gab viel das unbewusst verarbeitet wurde. Sehr viel menschliches Verhalten missfiel mir, auch da in der Firma. Die Machtkämpfe unter ihnen. Die Positionen, und wie sie die erlangten untereinander, wie sie Cliquen hatten und wie sich Gruppen unterstützten. Ich schaute mir das alles an.

Richard mein Konstruktionsvorgestzter aus Essen, er hatte seinen Pilotenschein gemacht, wir beide mieteten uns in der Mittagspause ab und an eine Cessna 180 und flogen einige Runden, oder aber wir mieteten ein Wasserflugzeug des gleichen Typs und flogen in den Norden, zum Angeln, oder aber machten an Weekends Kunstflugübungen, Staals, oder Loopings und dergleichen. Aber während dieser Aktivitäten nahmen wir selbstverständlich keine alkoholischen Getränke oder andere pflanzliche Produkte.

Michael oder Porsche der andere jüdische Vertreter seiner Zunft der oft bei uns war, brachte Michael den anderen jüdischen Vertreter zu uns. Und durch die kamen dann alle anderen jüdischen Vertreter der Alkoholika und Pflanzenprodukte zu uns. Michael 2 nannten wir Marokko, weil er eben erst von dort kam und noch ziemlich High davon war, er war total auf Drogen. Diejenigen die glaubten Juden zu sein, hatten meistens geschäftliche Unternehmen, Textilien, Bars oder andere Unternehmen. Sie waren arbeitsame intelligente Wesen. Da war niemals auch nur ein Wort über den Naziholocaust, wir waren viel zu sehr in der Gegenwart mit uns selber beschäftigt.

Marokko brachte Dormedinas, Tabletten, mit ins Spiel, eine Schlaftablette die er aus Spanien mitgebracht hatte. Aber wenn sie mit Alkoholika genommen wird, eine Rasertablette wurde. Wir nahmen diese Tabletten und gingen in die Wälder zum spazieren. Schon nach kurzer Zeit steigerte sich die Aktivität und wir kletterten in den Bäumen herum. Dabei waren die schlanken hohen jungen Bäume die besten. Sie standen dicht zusammen und waren sehr biegsam. Robert, Rodger, der Bruder von Frances machte es vor. Er kletterte einen Baumstamm hoch und hielt sich an der Spitze fest um sich dann runter schwingen, biegen, zu lassen, was auch gelang. Die Bäume brachen nicht, sondern bogen sich fast bis zum Boden durch.

Dann im August dem 18. 1971 feierten Frances und ich im Garten ihrer Eltern eine Hochzeitsfeier. Meine erste und einzige.
Wir hatten in der Kirche Musik von Jeff Beck, den Beatles „here comes the sun" und hatten Gedichte von Kahil Gibran zum vorlesen. Es war in der Methodistenkirche an Lakeshore Avenue in Point Claire. Der Pastor, wenn ich mich richtig erinnere hatte 12 Kinder, 5 davon adoptierte. Es war eine schöne Zeremonie. Wir hatten die Möglichkeit genutzt sie selber zu gestalten.
Es war so arrangiert das ihre Eltern bloß ein paar ihrer Freunde einladen durften. Alles andere waren unsere Bekannten und Freunde von Frances Seite kamen ihre Lehrerkollegen und meiner Seite die meinen Arbeitskollegen, und Freunde und dann unsere Freunde die sonst mit uns waren. Der Tag war wunderschön. Warm, kein Wind. Ich war 23 Jahre und

Frances auch. Sie trug ein schönes geblümtes Kleid in Rot. Es bestand aus einem Rock und Bluse aus dem gleichen Material. Die Schultern am Kleid waren sehr kurz, sie hörten direkt unter den Achseln auf. Das Untergrundmaterial war in Rot gehalten und darauf waren massenhaft Blumen. Weiße Margeriten mit gelbem Auge, weiße Blumen mit blauem Auge oder einige gelbe mit blauem Auge. Ihr schönes kupferrotes Haar hatte sie mit einem echten selbst gemachten Blumenkranz geschmückt.

Im August dem Monat der vollendetsten Kraft und Schönheit im Jahr sahen auch alle anderen Anwesenden strahlend aus und gesund. Auch Frances Schwester war aus Toronto gekommen Isabelle, mit ihrem Mann, Ingenieur, und deren 2 Kinder. David ihr erster Sohn hatte ein Muskeldefizit und würde bald die Erde verlassen. Er war weise und humorvoll, mit seinen 3-4 Jahren damals. Seine goldblonden Haare leuchteten im Licht. Seine Eltern waren irgendwie vom erfolgreich sein getrieben. Isabelle ihre Schwester kam mit ihrer Intelligenz nicht zurecht, und sie ließ sich ihre Nase abschneiden damit sie besser aussah. Sie würden sich beide scheiden lassen in späteren Jahren. Beide ihr Mann und Sie waren Rivalen mehr nicht. David der Muskelkranke Sohn gab seinem Vater so manche Lektion in Weisheit und Liebe, weil sein Vater bloß noch mit dem Ziel berühmt zu sein und zu werden beschäftigt war.

Frances Mutter Stella, war in guter Verfassung. Sie und ihr Mann Edwin, waren beide Laienschauspieler an der Lakeshore Players Theatergruppe, in Beaconsfield. Stella trug ein weißes wehendes Kleid mit bewegten blauen Zentimeter breiten Linien. Ihr silbernes Haar hatte sie vorher Stilen lassen, in Wellenformation. Stella vertrat das typische England. Ich reizte sie des Öfteren indem ich die französische Position vertrat. Aber auch meine Kleidung für diesen Tag hatte ich in Montreal in einer französischen Boutique erkauft. Ich trug eine dunkelbraune leichte galante Hose, und ein langes helles Jackett mit einem Schimmer von Braun drin im Muster aus bestem Garn, wie man so schön sagt. Dazu ein helles Hemd das auch etwas bräunliches Goldenes hatte aber hauptsächlich hell weißisch war, dazu eine Seidenkrawatte aus Frankreich. Alle Kleidungsstücke waren aus Frankreich. Das reizte Stella wieder, ach die Franzosen. Sie, Stelle, war ein schönes Muster nationaler Denkweisen und Gefühle. Zwei rosa Nelken steckten im linken Seite Revers des Jacketts von mir...Meine Haare waren golden blond und ich hatte lange Koteletten, Seitenbart, es war eine wirklich glückliche Zeit und eine riesige angenehme Party da draußen im Garten der Parkdale Avenue in Pointe Claire. Edwin war Rosenzüchter, und der Garten duftete nach echtem Rosenduften. Lampions waren aufgehängt, Holz für ein Feuer lag bereit ,die englischen Freunde der Eltern von Frances hatten warme Küchelchen,Pies, für den Tag fertig gemacht, mit allen Geschmacksrichtungen und Füllungen. Es gab den perligen Rose D, Anjou als Getränk, und mir fällt jetzt noch eine schöne Geschichte zu dieser Hoch-Hoch-Zeit ein. 1,5 Jahr zuvor heiratete eine Kollegin von Frances und wir waren auf der Hochzeit. Die Braut wirft dann ihren - Garter - ein Oberschenkelband, das die Frauen da trugen, die sich auf die Ehe einließen, jedenfalls wird dieses Band dann von der frisch verheirateten Frau vom Oberschenkel genommen und in die Menge geworfen. Wer es auffängt wir der nächste sein der heiraten wird. Ich stand in der Gruppe und obwohl ich gar nicht darauf aus war, griff ich hoch und fing diesen-Garter...

Ich musste nach dem Fang eine kurze Rede halten und bemerkte zu meiner Freude dass ich kaum noch Deutsch konnte. Denn es wurden Fragen an mich in Deutsch gestellt. Da wurde mir bewusst dass es Zeit war sich auch mal wieder mit deutscher Lektüre zu beschäftigen.

Ach ja, wer also diesen Garter fängt wird der nächste sein der heiraten wird, so war's auch.

Unseren Freund Zän hatten wir für die Hochzeitsfeier als Buttler angeheuert. Er lief mit einem Tablett herum und bot den Gästen runde selbst gerollte Cannabis Acapulco Gold Joints und schöne Tütchen nepalesischem Tempelhaschtschi Halef Omar Tüten an. Sie wurden auch rege akzeptiert. Es wurde ein schönes Fest. Die Rosen dufteten der Rose floss, die englischen Pies-Snacks, gingen weg, und später auch die englischen Freunde der Eltern von Frances.

An diesem Hochzeitstag, bekam ich ein Tag zuvor wieder mal eine Mandelentzündung. Diese Satansanfertigung hatte ich schon regelmäßig seit meiner Kindheit bekommen. Jahr für Jahr erschien diese feurige Sache und wollte seinen Tribut, Angst, im Hals lösen. Die Freundin von Rodger, Roxan, deren Vater ja Mediziner war, hatte mit ihm darüber gesprochen und sie kam am Tag zuvor mit einer Ladung Penizillin, 1000 mg jeden Tag für 3 Tage, dann, 5OO mg jeden Tag für eine Woche, dann 250 mg jeden Tag für eine Woche, seitdem hatte ich niiiiie mehr eine Mandelentzündung.

Das war ein Volltreffer. So konnte ich also diesen Tag richtig gut mitmachen ohne die Ängste im Hals ,aber wer weiß genau weswegen die wohl da waren, wussten sie etwas was ich noch nicht wusste was ich noch nicht erkannt hatte und so weiter. Heute Nacht fast 42 Jahren später kann ich sagen, ja, ich wusste damals nicht, und weiß nun etwas, was auch nicht so berauschend ist.

Die Feier steigerte ihr Tempo. Es wurde dunkel, das Feuer wurde angezündet, Licht flackerte an die Bäume und Gesichter der Freunde, Bekifften, und anderen Anwesenden, denn man weiß ja nicht genau welche anderen Wesenheiten noch da waren ohne das sie gesehen wurden.

Rita unsere Frau die Kopien bei Vapor Canada machte war in einem langen leichten schwarzen Kleid erschienen, das in der Mitte einen Schlitz hatte der bis zum Schlitz führte. Ich weiß nicht mehr ob sich damals jemand davon angesprochen fühlte, aber jedenfalls geht jede Hochzeitsfeier einmal zu Ende. Feiern in der westlichen Welt und ihren Zivilisationen sind eintägig und manchmal zweitägig je nachdem wie flexibel die Gruppen sind. Aber wie gesagt Alkoholika und Cannabis und Hatschihalef waren immer öfter dabei wenn sich Menschen trafen, und es waren nicht die abgewrackten fertigen desillusionierer, Negativmentalitäten die sich dessen bedienten, nein es waren die kreativen die sogenannten Leistungsbringer, jene die Universitätsbildung hatten jene die Diplome trugen jene die erfolgreich waren in Bezug zu wirtschaftlichen Interessen, Geld, Haus, in Bezug zu Intelligenz oder Wissen.

Da die Frances nun kein versteck Spiel mit ihren Eltern in Bezug zu mir selber brauchte, denn sie traute sich nicht offizielle damals ihren Eltern mitzuteilen das sie mit mir in dem Reihenhaus lebte ,sondern sie sagte sie lebte mit den anderen zwei Lehrerinnen Kolleginnen , zogen wir aus dem Haus raus, aber nicht ohne zuvor nochmal eine Knallerfete zu feiern. Die Wände wackelten, die Musik dröhnte, und ein Joint nach dem anderen, wurde abgegast. Der Direktor von Seagram's der unser gegenüberliegender Nachbar war hatte kistenweise pflanzliche Stoffe in flüssiger Form bereitgestellt. Es wurde viel Tequilla angewendet, aber auch waren wieder reichlich Pülverchen und Pilllchen und Pilzchen vorhanden.

Natürlich ist das alles Stress, Stress, Stress, das ist kein meditatives ausgewogenes Leben oder gesundes Leben, es ist Raubbau, aber man meinte ja davon vom Leben mehr als genug zu haben und zu sein. Aber alleine in dem Büro indem ich tätig war, eine große offene Räumlichkeit indem alles vorhanden war, alles in einem Raum, da ratterten die Büromaschinen, da klapperten die Telefonate da bimmelten die Tassen oder die Gespräche der anderen mit ihren Diskussionen oder Themen, sei es vom Einkauf oder unsrem Konstruktionsbüro, oder Verkauf und so weiter alles war in einem großen Raum, bloß die Manager und der Chef hatten ein eigenes Büro, es wurde alles hingenommen, die Stunden der Arbeit, die Kämpfe unter den Menschen, aber es wurde nicht als richtig oder angenehm oder sogar als Lebensqualität akzeptiert, da waren starke Raucher die alles voll qualmten, da waren ratternde Kaffeemaschinen und keine stille qualitative Umgebung. Alles Kunstlicht, Plastik, elektronische Abläufe, alles Kunstwelt.

Frances und ich waren nun an die Sources Road 4039 gezogen, in Dollard des Ormeaux. Wir hatten Gandalf den großen weißen Zauberer mitgenommen. Mathilda die schwarze Katze war auch noch bei uns aber nur noch solange bis ich Took, die neue fast erfrorene Katze mit in die Wohnung brachte. Einige Tage später war Mathilda verschwunden. In dieser Wohnung waren dann immer mehr Treffen von Freunden die uns ihr neues Hasch oder ihren neuen Cannabiskauf vorstellten. Ich war immer bereit sie zu empfangen, alleine deswegen schon weil sie Menschen waren die Freundschaft suchten und die ihr Leben egal wie machen wollten. Unser Freund Zän war immer noch ohne Freundin und auch Porsche war ohne Frau da sein Bild von einer Frau das Bild des Playboys war, nur solche Frauen kamen für ihn in Frage sagte er. Robert war mit Roxan liiert. Zän zog direkt nach Montreal in die Altstadt in eine alte Wohnung. In der Küche waren tausend Küchenschaben, bis einer dieser Schabenabmurkser mit seiner Sprühflasche kam und die Ritzen voller Kerosin oder ein anderes Gift sprühte. Ich beschäftigte mich mit dem Fotografieren. Kaufte mir eine Nikon und arbeitete an meinen anglerischen Fähigkeiten weiter. In den Sommermonaten fuhr ich schon sehr früh nach Montreal um am Sankt Lorenz River auf Forellen zu fischen. Die gefangenen Fische ließ ich immer wieder schwimmen. Manche Forellen fing ich mehrere Male. Der Durchschnitt der Fische war 2,5 Pfund. Im Sommer kamen auch Shad, eine Art Hering aus dem Atlantik zum Laichen in den Sankt Lorenz Fluss. Natürlich gab es massenweise andere Fischsorten dort, darauf gehe ich hier nicht ein. Ich will bloß ein Bild wiedergeben, was trotz dem Alkoholbad und dem Drogenbad, in Wirklichkeit gemacht wurde.

Ich fischte viel mit einem Australier der nach Kanada kam um hier seine ärztliche Arbeit zu machen da er in Australien nicht klar kam. Weswegen fragte ich nicht oder ist nun in Vergessenheit getaucht. Er war ein sehr guter Fliegenfischer, ohne irgendwelche Westen. Er hatte einige Fliegen in seiner Hemdtasche und auch kein Netz, bloß die Fliegenrute und Wathose.
Wir fischten oft bis spät in den Abend hinein. Unser beliebtester Platz war direkt der Uferbereich der zum Campingplatz gehört, am Südufer der Lachine Rapids. Insbesondere in der Bucht waren massenhaft große Forellen und andere Fischsorten. Aber ich kannte Stellen die er nicht kannte weil er wesentlich weniger da war als ich und ich schon jahrelang dort fischte. Ich hatte mir eine Statistik aufgebaut, durch beobachten, indem ich die Tage die Wassertemperatur die Uhrzeit festhielt und die damit schlüpfenden Insekten, plus die Wassertemperatur natürlich, so wusste ich nach einem Jahr an welchem Tag bei welcher Temperatur welche Insekten schlüpfen würden und ich brauchte nur die dementsprechende

Kunstfliege anzubinden, es war sozusagen eine Wissenschaft. Natürlich ist alles was der Mensch macht Wissenschaft, nicht bloß die Wissenschaft die durch politische Macht oder industrielle Macht sich ein Image aufgebaut hat das als Wissenschaft gelabert wird ,denn in Wahrheit gibt es sowas wie eine Wissenschaft gar nicht, aber damit kann man gut andere verblöden, ebenso wie es keine Medizin gibt oder eine Philosophie oder eine Politik, alles Verblödung mehr nicht, Selbstverblödung.

Es gibt bloß den Klotz am Bein und den Klotz im Kopf der die Blockaden aufbaut die dann Tradition genannt werden und aber auch nix mehr mit dem Leben zu tuen haben sondern bloß noch Belastung, Wahn oder Kreativverblödung sowie Intuitionskerker ist sein wird und Machtkompott.

Zu vielen Gelegenheiten wurde Wein getrunken, in den Mittagspausen wurde Bier getrunken, das alles würde seine Wirkung zeigen.

An manchen Wochenenden fuhren wir mit Freunden in die Nationalparks von Quebec. Manche Wochenenden waren gemütliche Fahrten mit unseren Freunden aus Sankt Anne de Bellevue, einer Ortschaft noch westlicher von uns, Dollard lag etwa 30-45 Minuten auf der Autobahn westlich von Montreal,

54

Sankt Anne de Bellevue weit über eine Stunde und länger. Linda und Bill beide Lehrer waren sehr stille aber witzige Bekannte. Mir gefielen ihre gepflegte Art und ihre humorvollen Einsätze egal welcher Art. Bill hatte vor einem Jahr ein Kind getötet mit dem Auto das ihm plötzlich vors Auto lief. Er war ein stiller großer, Gernetrinker, und auch Linda war keine Wasserbauchnonne. Ich selber sah manchmal schon sehr abgemüdet aus. Aber wenn ich die Fotos von mir sehe mit den großen Augen und irgendwie dünnem Profil des Körpers muss ich damals schon sehr viel zu viel gemacht haben was mir gar nicht gut tat. Ohne sich dessen bewusst zu sein. Frances sah abgerundet und zufrieden aus. Ich selber sollte erst 40 Jahre später erfahren weswegen ich in meinem Leben immer Frauen haben würde die schon Kinder hatten, oder keine wollten. Frances hatte schon ein Kind das sie zur Adoption abgegeben hatte weil ihre Eltern zu schwach waren dazu zu stehen. Denn sie hatte das Kind als 15 oder 16 jährige gehabt, und der Vater hatte sie dann flitzen lassen, war auf einmal weg. Erst später als das Kind schon über 20 Jahre war, würde es tatsächlich seine wahre Mutter, in diesem Fall Frances finden.

Ich hatte die Möglichkeit gehabt mit Frances eine

Familie zu etablieren, sie wollte noch ein Kind, aber ich war damals viel zu jung dafür und meinte auch das zu wenig Geld vorhanden wäre als Alleinverdiener. Ich wusste noch nicht weswegen ich diese Argumentation hatte, ich akzeptierte es einfach als meine Wahrheit was es aber gar nicht war ,erst als ich später 1992 eine Frau am Strand auf Kreta kennenlernte, ich war schon Jahrzehnte geschieden von Frances, in Berlin, stellte ich mir die Frage, „wieso treffe ich immer Frauen die schon Kinder haben" und in dem Moment lief ein Bild in mir ab, das mich und meinen Vater als Begleiter zeigte, ich muss 8-10 gewesen sein, wir spazierten in Heiligenhaus am Werkerhof die Straße hinunter nach irgendwo hin, und er sagte mir das ich nicht den Fehler machen solle wie er, so viele Kinder zu zeugen, denn es war immer kein Geld vorhanden und so weiter, das hatte sich bei mir so eingenistet das ich schon im Voraus Frauen traf die gar keine Kinder mehr wollten oder ich aber gute Gründe hatte sie zu verweigern-Geld-und ich habe auch nie in meinem Leben jemals Kinder gezeugt.
Ok so viel zu der Situation. Inzwischen habe ich ein Büchlein dazu geschrieben:"Warum ich keine Kinder zeugte".
Wie geschrieben, Linda und Bill tranken auch gerne.

Sie brachten Wein mit und wir brachten Wein mit wenn wir uns trafen und kommunizierten.

Da an der Sources Road, das Leben in der kleinen Wohnung, war bald der Treffpunkt der Feierkönige und der Arbeitskaiser.

Frances und ich hatten auf einmal mehr als genug Geld und wir sparten uns etwas an, der Hang ging ja immer in Richtung neuer größer, sowas. Konsum, Konsum, Konsum.

Wir hatten einen Weißen Teppich in der Wohnung der nach einigen Monaten einige große Löcher hatte, von den runter gefallenen Haschteilen oder anderen Rauchsituationen. Desto größer die Brennfläche desto größer das Stück Hasch. Wir lachten darüber.

In dieser Zeit da in Dollard war Marokko oft bei uns mit seinem Freund Porsche. Beide waren ziemlich verrückt mit ihren Vorstellungen, manchmal kam auch Frans Bruder mit seiner Freundin Roxan mitten in der Nacht, 1 Uhr, ,wir machten auf und sie brachten ihr neues Stück Hasch mit, natürlich wurde geredet, ich lag im Bett redete zwar mit ihnen war aber zur gleichen Zeit auf einer anderen Ebene, am schlafen,einige Stunden später musste ich schon wieder aufstehen zwecks arbeiten, arbeiten die mir gefielen, denn die Tätigkeiten waren interessant und

das Arbeitsklima mit den Kollegen war sehr gut...
Das würde aber auch bald verändert werden weil
eine neue Sorte Manager von den Universitäten
kam und die Firmen anfingen noch mehr zu ratio-
nalisieren. Rationalisierung ist ja lebendige Armut
oder Dummheit des Geistes gegen das Leben. Oder
noch schlimmer der Glaube an das Tote Leblose. Der
Glaube ans Geld und damit an die negativen Eigenschaften der Raubsäugetiermenschen. Oder noch
schlimmer der Glaube an die Unwahrheit also an die
Unfreiheit. Oder ganz brutal der Glaube an den Faschismus des Geistes.
Soo, manchmal kamen also neue Menschen in unsere Wohnung die hauptsächlich Marokko und Porsche mitbrachten. An Wochenenden wurde dann viel
geraucht und gefeiert.

In der Nähe war ein Friedhof. Abends spazierten wir
dann ziemlich voll, voll mit Hatschihalef oder voll
mit alkoholischen Getränken auf den Friedhof. Aber
wir waren immer gut gelaunt und nie böse oder ag-
gressiv, wir waren alle sehr guter Dinge. Jeder von
uns nahm an seriösen arbeiten teil und war aktiv jeden Tag wirkungsvoll in seinem Beruf, manche sogar
mit Herz.

Auf dem Friedhof stand eine wunderschöne große weiße Jesus Statue. Jesus breitete seine Arme aus und manchmal kletterte einer von uns darauf und legte sich in die Arme dieser Jesus Statue. Aber Zän hatte auch einiges makabres drauf. Wir suchten frisch geschaufelte Gräber und sprangen dann dort hinein um unseren Tod das Ableben des physischen Körpers zu zelebrieren.

Soo, mir wird das Schreiben etwas zu langweilig also springe ich weiter, weiter in der Kängeruhausführung dieser bruchstückhaften Bewortung.

Mir ist noch eine Arbeitskollegen Reise, ein Wochenende in Erinnerung geblieben. Wir hatten uns vorgenommen eine Camping Tour zu machen und zwar in den Laverandrey Provincial Park in Quebec. Wenn ich mich richtig erinnere liegt er nordwestlich von Montreal. Mehrere Hundert Kilometer entfernt von Montreal. Es waren ca.10-15 dabei. Wir mieteten uns Boote und fuhren den großen See ab um so weit wie nur möglich von allem weg zu sein. Ich war sehr erfreut die kleinen Inseln zu sehen, die oft mit schneeweißen Sandstränden geziert waren. Das Wasser war sehr sauber, und alles sah sehr frisch und natürlich aus. Wir freuten uns schon auf eine sehr gute Angelzeit, Schwimmen oder Grillen.

Am äußersten Nordende des Sees dort wo einige Bäche und Flüsse in ihn hinein flossen legten wir an einem goldgelben Sandstrand unsere Boote an, um dort unser Camp aufzubauen. Das Wetter war klar heiß und duftend.

Wir hatten große Mengen an Kühltruhen mitgenommen. Alles wurde an Land getragen wobei dann jeder einen Platz für sein Zelt oder ein Gruppenzelt suchte. Ich hörte in der Stille dieser sauberen Umgebung, ein riesiges Konzert von Fröschen das weiter nördlich von uns war. Der Laverandrey Provincial Park war damals der größte Park den es in Quebec gab, etwa die Fläche von 2x Nova Scotia, ,hohoh ,jedenfalls war hier einfach Natur pur, obwohl das Leben an der westlichen Insel Ecke der Montreal Insel auch schon sehr ,oder auch noch sehr natürlich war, damals zumindest. Da war ich vom Lake Saint Louis und dem Lake of Two Mountains umgeben, was aber alles aus dem Westen von zwei großen Wassermengen gespeist wurde dem Ottawa River aus Kanada und dem See Ontario aus Kanada. Der Ottawa River formte dann den See of Two Mountains und das Gewässer vermischte sich dann mit den Gewässern vom Ontario See im Lake Saint Louis. Aus beiden Gewässern wurde dann der Sankt Lorenz River. Wenn ich ab und an auf den Lake of Two Mountains raus fuhr suchte ich oft die Stelle auf wo sich beide Gewässertypen trafen, der Ontario See brachte klares Wasser mit und der Ottawa River dunkles Wasser.

An diesen Stellen wimmelte es von Lebewesen im Wasser.

Dieser Ottawa River hatte seinen Ursprung etwas außerhalb des Parks in dem wir nun waren, er floss dann westlich durch viele Seen verbunden, bis er Richtung Süden abbiegt und dann südöstlich nach Ottawa fließt und an Größe gewinnt um dann nach Montreal zu trudeln.

Hier an dem riesigen voller Inseln und Buchten See, dem See Baskatong der unmittelbar eine Grenze des Laverandrey Parks war standen nun mehrere Zelte in der prallen stillen Hitze. Natürlich wurden die Bierchen geöffnet, denn es war sozusagen ein Besäufnis das wir vorhatten, wir hatten genug mit um eine Herde Alkoholiker mindestens fünf tolle Tage im Suff zu halten, und dann noch der See mit seiner großen Wasserfläche, das würde schon reichen. Kein Wind war vorhanden, der See war glatt und auf ihm spiegelten sich gigantische Kumulus Wolkenberge die sehr, sehr gemächlich über uns hinweg segelten. Tagsüber in der Hitze waren dort kaum Insekten die

gerne zubeiße bis auf einige seltene Gigantobrem-
sen aber auch Blackflies waren nicht vorhanden und
wenn dann in winzigen Mengen.

Einige von der Gruppe waren Angler. Ich war wohl
der leidenschaftlichste von ihnen. Dann kam Richard, danach sein Freund der immer öfter in Playboy Heften nachschaute, und dann war da noch der
Österreicher dessen Name ich auch schon vergessen
habe. Als alles soweit aufgebaut war, das Holz zum
Grillen fertig lag, die Feuerstellen präpariert waren,
Sitzangelegenheiten aufgebaut waren die Kühlware
in den Schatten gestellt war, sozusagen alles orga-
nisatorische erledigt war, nahm ich mein Angelzeug,
auch meine Fliegenruten und fuhr alleine mit einem Boot Richtung Nordosten das Ufer entlang um
interessantes zu sehen und um mögliche Fische zu
fangen. Ich suchte mir Buchten aus oder Plätze wo
zum Beispiel große Bäume im Wasser lagen oder aber
Plätze mit gutem Pflanzenwuchs im Wasser. Dann
genoss ich die Stille dort und hörte den Vögel zu und
schauet mir das saubere Wasser an, eine Freude das
zu sehen, ab und an einige Würfe mit einer Spinn-
rute und einem rotweißen Blinker dran. Nach einigen Würfen biss der erste Fisch, ein schöner Hecht.
Ich ließ ihn schwimmen. Der erste Fisch wird immer

frei gelassen, damit er seine Freunde warnen kann, so machte Ichs jedenfalls. Langsam bummelte ich das Ufer Richtung Norden ab. An einer sehr tiefen und mit alten Baumstämmen durchzogenen Wasserecke hatte ich dann einen größeren Hecht an der Leine, aber er konnte sich befreien indem er um einen Ast schwamm und sich los riss.

Danach versuchte ich es mit einem Gummiwackelschwanz in Gelb um auf Zander zu fischen. Ich ließ den Wackelschwanz über den Boden hopsen und nach einigen Würfen hatte ich einen schönen etwa 4 pfündigen Zander an der Angel. Er war ziemlich dunkel gefärbt ganz anders als die Zander zum Beispiel in der Eider oben in Holstein wo ich das angeln lernte durch meinen Vater oder dem Fischer Willy von der Heide in Horst.

Nach einiger Zeit lagen 3 schöne Zander im Boot. Ich ließ mich immer weiter Richtung Norden leiten bis ich an eine Stelle kam wo die Bucht immer enger wurde und schließlich ein kleiner Fluss in den See floss und das Wasser viel flacher war. Das war eine sehr schöne Seestelle. Es wimmelte dort von Lake Whitefisch oder aber Renken ähnliche Typen ich konnte es nicht genau damals identifizieren, es waren wohl Lake Whitefisch, aber sie ließen sich nicht von den winzigsten Blinkern oder Spinnern locken aber auch nicht mit der Trockenfliege waren sie zum Biss zu bewegen. Das könnte an viele Gründe gelegen haben, falscher Köder, keine Beißzeit, zu dickes Vorfach, aber an der Fliegenrute hatte ich schon 2 Pfund Test.

Egal, es war eine Pracht dabei zu sein und zu sehen was da für eine Fülle war. Fülle an Gesundheit und Fülle an Menge.

In Gegenden zu sein die von Menschen noch nicht-glücklicherweise-zivilisiert gemacht worden sind, was immer bedeutet vergiftet Verarmung und Verblödung von anderen, das ist eine Pracht, denn dort ist gut erkennbar das die Schöpfung oder die Existenz oder die physische Welt oder die göttliche Verdichtung der sogenannten Materie immer und zwar ohne Ausnahme......in........unbeschreiblicher.....Fülle.... da...ist......aber.....der...Vollidiot.....Raubsäugetiermensch........erreicht immer ohne Ausnahme das Gegenteil. Das wird sich erst sehr, sehr, viel später innerhalb seiner Evolution ändern wenn er tatsächlich sich mehr bewusst wird wo und was er in Wirklichkeit ist, vorher nicht, jetzt ist er noch in der falschen Identifikation das er Mensch wäre und das er Raubsäugetier ist ,weil er ja vom Töten anderer Lebewesen lebt, genauso wie die Löwen oder Schlangen oder anderen Raubtiere, das ist so. Der Gekreuzigte soll mal gesagt haben „vergib ihnen denn sie wissen nicht was sie tuen".....Ich füge noch hinzu mag es auch noch so rational mathematisch und wissenschaftlich aussehen, es ist ein gigantischer Schmarren der da abgezogen wird die können's noch nicht anders. Ich konnte damals oder wollte auch nicht anders, einige dieser massenhaft dort stehenden Weißfische zu fangen. Es blieb eine optische Freude für mich, in dieser schönen Umgebung zu sein. Dann fuhr ich langsam zurück und ließ den Blinker dabei durchs Wasser gleiten, trolling, oder schleppen auf Deutsch, dabei fing ich noch zwei schöne dicke Hechte die ich mitnahm. Sie sollte in Folie Speck, Tomaten und Weißwein, schön filetiert gedünstet werden, und die Zander einfach in Butter gegrillt. Ich hatte und habe eine sehr gute Richtungsantenne in mir einen natürlichen Kompass. Ist ja auch klar weswegen. So fuhr ich zielsicher an den Buchten vorbei und über die glatte leuchtende Seefläche mit ihren weißen Wolken darüber. Dann hörte ich die Frösche, es müssen Tausende gewesen sein. Am Weekendlager war viel los. Einige saßen unter Sonnenschutz den sie aufgebaut hatten andere nicht genossen die direkte Hitze, einige waren im Wasser schwimmen, aber überall floss Bier dabei. In der Luft lag schon der Duft, damals war das noch Duft für mich von gegrilltem Fleisch, wir hatten Unmengen Steaks mitgenommen, Kartoffeln wurden in Folie im Feuer geröstet, Salate waren gemacht und mir wurde gleich ein kühles Bier angeboten als ich auf den Sandstrand traf. Auch die anderen hatten gut gefangen. Auf einem am Strand liegenden Baumstamm hatten sie schon ihre Fische ausgenommen, und filetiert. Der Österreicher hatte einige schöne Zander und Richard hatte doch tatsächlich einen Stör gefangen. Er hatte mit einem toten Fischchen auf Grund geangelt und diesen etwas 10 Pfund Stör dabei bekommen. Wir waren alle sehr überrascht das zu sehen. Später wurde ich von ihm erfahren dass der See voller Störe war und zwar sehr, sehr, großen, mehrere Meter lange...

Ich zog erst mal meine Sachen aus und lief dort in der Badehose herum wie die meisten, es war ca-25-28 Grad. Ohne Wind. Ach ja jetzt fällt mir auch der Name des anderen Freundes vom Richard wieder ein der einige Playboy Zeitschriften dabei hatte und sie in der Runde kreisen ließ, Wolfgang.

Dort im warmen Sand zu sitzen ein Bier zu trinken das ganze Spiel zu sehen was dort ablief war schon fein. Bruce war unser Entertainer. Er hatte auch schon mal eine Platte gemacht und war in der Branche als Künstler tätig. Bruce war immer in guter Stimmung und bereit dafür auch was zu tun. Er war ein Show Mensch. War sehr bunt angezogen und hatte ein sehr freies Leben gelebt. Er war etwa 10. Jahre älter als ich. Ich war der zweit jüngste in der Gruppe mit meinen 23 Jahren. Alle anderen waren älter. Die meisten waren verheiratet und hatten schon Kinder.

Bruce hatte ein Kind mit einer anderen Frau. Und nun war er mit einer sehr schönen jüngeren Frau zusammen. Da ging's auch um Ehe. Allen war zwei Jahre älter als ich, und hatte schon mal mein VW kaputt gefahren. Als ich ihm den ausgeliehen hatte. Allen hatte ich nie mit einer Frau gesehen oder davon gehört. Er war sehr blockiert, depressiv und hatte einige mentale arbeiten zu leisten. Auch er behauptete von sich er sei Jude. Was für eine armselige Selbstbezeichnung Menschen von sich haben. Jude, Amerikaner, Russen, Chinese, Saudi, Brasilianer und so weiter. Aller Glaube an die Materie die es gar nicht gibt.

Mit dem gigantischen FroschQuaaaaakSonaten Sonaten Konzert im nördlichen Hintergrund, waren wir nun dabei uns erst mal schön flüssig zu halten.

Einige Rotweinflaschen wurden schon geöffnet, wegen des atmen natürlich. Wir fingen dann auch an uns einen Tisch direkt am Ufer zu bauen am Wasser dem klaren sauberen warmen, denn überall lag Holz herum. Wir hatten eine kleine Motorsäge mit die nun ihren Zweck sägen konnte, nämlich einige Holzplanken für die Tischplatten. Jeder lief in Badehose herum, Barfuß, und der Bierdosen Haufen häufte seine Form, oder formte der Bierdosen Haufen seinen Haufen, oder war keines von dem irgendetwas anderes als bloße Worte die ich hier schreibe, oder war es reiner Zufall das die Bierdosen da auf einen Haufen geworfen wurden, Zufall den die Atombombenlobbyisten der Wissenschaftsignoranz gerne den Menschen präsentieren damit die Menschen noch weiter verblöden und ausschließlich optischer Ignoranz unterliegend bleiben.

Aber auch der Geist das Denken ist noch Ignoranz ohne Zweifel.

Ich hatte die Fische filetiert die Zutaten wie Speck, Butter, frische Gewürze, etwas Salz und einige Tomaten ,alles zusammengelegt und in Aluminium Folie eingewickelt, was ich heute nicht mehr machen würde, Aluminiumfolie nutzen, dieses Gift..Wenn die Raubsäugetiere des Profites und des satanischen

Arschlochseins es könnten, würden sie auch noch den Atommüll so verarbeiten das sie ihm den Menschen als müslivermarktet und durch schöne Werbespots weltweit verblödend angeboten, mit einem glücklichen Familienlächeln und Erfolg im Sex, vermarkten.

Jeder war bei bester Laune, aber Launen sind kurzlebig, deshalb war auch immer der Verlängerer der Launen dabei, die Fröhlichkeit, aber auch sie brauchte ihren Kraftstoff die Flüssigkeiten, und davon gibt es mehr als genug auf der Erde nämlich Wasser. Dieses Wasser plätscherte ans Ufer, an dem nun bald ein schöner frisch gezimmerter Freiluft Tisch stand. Da die arbeiten ja ungemein schwer waren, sprang ab und an jemand in den See und dann schrie plötzlich einer auf „ein Bär", da stand er auch schon ein schöner fetter Schwarzbär und steckte seine Nase prüfend in die Höhe, der hatte wohl den Fisch und die Steakdüfte mitbekommen, und sich trotz des Gelächters nicht davon abhalten lassen die Situation auszukundschaften. Er stand etwa 30 Meter entfernt am Buschrand, Geistesgegenwärtig nahm der Österreicher einen Stein in die Hand und warf ihn in seine Richtung. So das war's dann auch schon. Weg war er. Damit hatte gar keiner gerechnet, deswegen auch nicht weil niemand an Bären gedacht hatte.

Da aber einige noch nicht im kanadischen Urwald gewesen waren, war es für sie doch ein erregendes Erlebnis. Ich selber war schon Oft im Norden Quebecs gewesen und bin alleine durch das Gebüsch getorkelt oder habe an schönen Flüssen und Seen geangelt, so dass es mir nichts ausmachte. Bären gehören einfach dazu. Ich wollte denen nichts Schlechtes. Für mich waren das Reisegefährten. Die Gruppendynamik war aber sehr stark da am klaren Seewasser und dem ständigen fließen von kaltem Bier, so dass solch ein Bär Erlebnis schon bald Vergangenheit war und die Feierei weiter ging.

Irgendjemand machte dann das Feuer an. Ich wusste wie ein Feuer gemacht wurde andere auch einige nicht, oder. Es wurde so ein richtiger Berg Holz angefeuert damit richtig viel und lange Glut vorhanden war um das Fleisch und die Kartoffeln im Strom der befreiten Energien auch verändern zu können. Ich hatte selbst gemachten, was wohl, Kartoffelsalat mitgebracht, mit viel Gurken und Zwiebeln drin, aber auch mit selbst gemachter Majonäse aus Ei und Öl und etwas Sahnejoghurt. Die anderen hatten auch ihre Leckereien dabei. Es gab Dips, frisches gutes Brot, kein kanadisches Weißbrot aus der Wildwest-

70

küche der Industrieverblödung der USA importiert. Nein deutsches Brot, aber da nationale Identitäten ja an solchen Einzelteilen wie Brot gar nicht wahrhaftig sind denn woher kommt das Wasser und wo fängt die Erde an und wo hört sie auf die Erde, und der Mensch wo kam er her und wo hat er die Maschinen her und die Stahlteile plus die Elektrizität wo fängt die an und wo endet sie, und wo kommt der Sauerstoff her wo fängt er an wo endet er mit Gewissheit, und die Mineralien und die Erde wo ist der Anfang und das Ende, und wo kommen die Kleidungsstücke her wo wächst die Baumwolle oder wo haben die Schafe gegrast und die Kühe gelebt auf welchen Weiden und so weiter und so weiter...

Dann waren da die Käsesorten. Französischer Käse, deutscher holländischer, kanadischer Käse, Käse aus Ontario aus den USA und das Obst, die Weintrauben aus Kalifornien, die Äpfel aus Ontario die Birnen aus britisch Columbia, die Mangos aus Brasilien, wir hatten alle jeder eine Menge Dollars dazu gegeben, Dollars die damals noch zu der Zeit 4 Mark wert waren, aber was ist schon Wert, Wert ist nix anderes als Macht Interessen und Fantasien derjenige die das kontrollieren wollen, und auch tuen, Wert in Bezug zu Geld ist in Wahrheit Unwahrheit und Illusionen

Täuschungen und Aberglaube, Aberglaube an das falsche das Irreale dumme dumpfe und blöde.

Wir hatten das Beste gekauft was auf dem Montrealer Märkten zu finden war, und das war sehr, sehr umfangreich und von bester Qualität. Wir hatten Weine dabei die kosteten 15-20 Dollar die Flasche gute kräftige Rotweine, und auch gute leichte Weißweine. Das Feuer heizte so richtig den Durst an, es war noch früh am Tag früher Nachmittag, aber der Hunger war groß, jeder freute sich auf das Essen, die Aktivität von jedem das Schwimmen die Sonnenpower die frische Luft die enorme Energie die in einer reineren Umgebung ist die von Menschen noch nicht durch seine Gier abgesaugt wurde ausgebeutet wurde, vergiftet wurde, ist beeindruckend, wenn jemand dafür überhaupt noch eine Wahrnehmung hat.

Hier war kein Autohupen, kein Telefon kein Gestank der Raucher kein Dröhnen vom unaufhaltsamen Verkehr der Großstadt Montreal.

Hier sangen die Vögel, hier quaaaakten die Frösche die Tausenden, hier summten die Insekten um uns herum, hier plätscherten die Wellen ans Ufer, hier schaukelten die Halme des Schilfs im Wasser hin und her, hier flatterten Schmetterlinge vorsichtig über den See, hier sangen die Bienen ihren Song, hier flogen die Bierdosen auf den Bierdosenhaufen. Hier tanzten wir ab und an einen kurzen Freudentanz miteinander, hier knisterten die Äste im Feuer, knackten die Holzscheite auseinander, hier sang das Feuer sein Lied von Tode und dem Leben das eins ist und das von einer Veränderung in die andere übergeht.

Große blaue Libellen rasten um uns herum oder landeten auf unseren Zelten. Da waren auch rote Libellen und sehr viele braune Libellen. Die Libellen sind ja unsere Freunde denn sie hielten die möglichen Beißinsekten weg. Es waren keine großen Bremsen in der Nähe von Libellen. Auch keine anderen Fluginsekten. Der Sandboden war schön warm. Wir liefen alle auf Barfuß herum. Die Düne endete direkt am Waldrand der etwa zwanzig Meter entfernt war. Die Düne war aber auch mit kleinem Gebüsch bestückt, Weidenbusch sozusagen. Die Weiden wurden dann bis zum Waldrand immer dichter, Birken, formten oft den ersten Baumbestand aber bloß sehr wenige ,dahinter und dazwischen standen dann die Nadelhölzer. Das Holz war inzwischen runter gebrannt und hatte eine gleichmäßige starke rotgoldne Glut in der eine Farbenpracht aufloderte in allen dazwischen liegenden rot und rosa und orangen und Goldtönen. Die Steaks wurden auf den Grill gelegt und über die Hitze gelegt. Zuvor waren sie noch mit Barbequesooooße eingepinselt worden. Der Tisch war schon gedeckt. Auf ihm standen Bierdosen Bierflaschen und Weinflaschen, Rotwein Weißwein. Wir hatten den Tisch unmittelbar ans Ufer gebaut. Als Sitze hatten wir alte schön aussehende Baumstämme parallel zum Ufer gelegt. Über uns rollten fette weiße Kumuluswolken die sich freute als sie uns sahen und ihre Formen in die Gestalten einiger Weisen und Heiligen verformten. Aber keiner von uns sah das. Ein seichter Wind taumelte nun über den See. Winzige Weilchen plätscherten ans Ufer als wir dann alle da am Tisch saßen und aßen. Draußen zu essen ist schon etwas Schönes aber draußen zu Essen in einer noch unberührteren Umgebung ist eine Steigerung der Schönheit. Die Libellen kamen und schauten zu. Die Schmetterlinge flatterten umher. Vögel zwitscherten. Und zu jeder Zeit jeder Augenblick konnte ein Wolf oder Schwarzbär oder sogar ein Elch kurz mal vorbeikommen und uns ein Gedicht vortragen. Ein Gedicht das von dem reinen der Natur spricht. Ein Gedicht, das unendliche Stille und unendliche Ruhe und unendliche Angstlosigkeit in sich trägt, die aus unendlicher Glückseligkeit gespeichert wird. Ein Gedicht aus dem hervor geht das die Zyklen der Muster und Wiederholungen die Bewegungen der Bearbeitung und Abarbeitungen ein Netz von Freiheiten und auch illusionären Bindungen sind die aber alle aus der Freiheit gespeist wurden und in Wahrheit Freiheiten sind.

Wir würden dann alle klatschen und dem Bären ein Pott Honig anbieten, dem Elch einige Wasserrosen und Wasserlilien, dem Wolf eine Fahrt auf dem See, und den Schmetterlingen ein Meer von blühenden Blumen aus Asien und Südeuropa.

Da saß ich nun unter diesen anderen Arbeitskollegen. Den beiden österreichischen Brüdern, dem anderen Wolfgang einem Freund Richards Tobers. Da war auch noch ein Quebekianer ein Franzosenkanadier dabei, das war der Bruder von Rachel, der Frau von Richard Tober meinem Konstruktionschef, und ich. Denn ich habe inzwischen die Schwarzweiß Fotos abziehen lassen die ich damals im August 1972 dort am See gemacht hatte, und sehe zu meiner amüsanten Überraschung das Bruce und Allen gar nicht dabei gewesen sind, die waren bei einer anderen Tour dabei gewesen. Das hier war also eine reine Angeltour gewesen. Ich kann mir gut vorstellen das einige Menschen bei solchen Erfahrungen Angst vor sich selber bekommen würden oder sogar zum Arzt gehen würden weil sie sich nicht selber vertrauen und lieber abhängig vom Urteil und anderen Verblödungen verblödendem bleiben wollen und nun sogar in die Apotheke laufen würden weil einige sogenannte Spezialisten sie weiterhin verblödend halten und ihnen sagen nehm das und das Mittel gegen Gedächtnis Verlust das erhöht eure Gedächtnisfähigkeit diese Art von Quaaaaksalberei, die ja reine Gewohnheitsenergie der Arztberufenen geworden und zum Schema der Pharmamafia gehört. Denn wer sich selber beobachtet genau beobachtet hat in all den Jahren die er auf diesem Planeten schon verbracht hat, der müsste zumindest im Ansatz erkannt haben, das er nicht das Gedächtnis ist, und auch gar nicht sein kann, denn alles was ich beobachten kann, denn alles was ich beobachten kann, kann ich in letzter Konsequenz nicht selber sein, und da dann ich selber nicht das Gedächtnis bin ,na dann also, schmeiß was drauf, oder so ähnlich, denn umso mehr du Gedächtnis lebst umso weniger kreativ direkt aus dem schöpferischen bist du, und du und ganze Völker werden verblödet weil sie an dem Glauben der Blöden festgeklammert sind, an dem Glauben der Spezialisten der Abzocker und Vorbilder zur Verblödung. Auf diesem Wege sind Neuschöpfungen und kreative Erneuerungen sehr schwer in Bewegung zu bringen weil die Lethargie der Vergangenheit, sprich des Gedächtnisses, sich immer wieder als Blockade für die Gegenwart dazwischen legt, und am Boden hält. So da saßen wir 6 Männer sage ich mal am Tisch und freuten uns über das gute Essen, die gute Luft süße Luft würzige Luft, dem Duft des Sandes, dem plätschern des Wassers und leerten weitere Bierdosen Bierflaschen Weinflaschen ,in der prallen fetten Star Strahlung der Sonnenenergie.

Wir sprachen englisch oder deutsch oder auch französisch jenachdem wie wir wollten und wie es Spaß machte in dem Moment.

Ich war der jüngste mit 25 Jahren. Aber auch bei weitem der dünnste. Ich war auch der einzige der schulterlange Haare trug. Diese Entwicklung oder Verwickelung kam graduell durch die pflanzlichen Mittel die Substanzen durch die Beeinflussungen der Umgebungen der Rockmusik die sich rasant entwickelt hatte mit Gigabands wie Led Zeppelin oder den Who oder Stones oder Beatles oder Creedence oder T-Rex oder Bowie, oder Dylan, oder Yes, oder, oder, oder Neißelinie. Wenn ich mir die Fotos anschaue sehe ich jemanden der alle menschlichen Facetten austrägt von Froh bis Stille bis glücklich sein

bis Trauer bis Skepsis bis Übermut bis Wahnsinn bis abgerackert bis erschöpft bis übermüdet bis beweglich bis Kampfkraft bis nie aufgeben bis kämpfen. Zu dem Zeitpunkt lebte ich noch in dem Bereich von „das Leben ist ein Kampf" daraus resultiert dann ja stark sein und arbeiten können bis zum umfallen. Aber ich blieb immer freundlich und herzlich.
Ich lebte aus der inneren Stille der Ruhe heraus nach draußen. Natürlich sind gewisse Muster in den Energiekörpern gespeichert die Ich mitbrachte oder die ich aufgenommen hatte.....bewusst oder unbewusst. Ich hatte zum Beispiel Familienmuster die ganz eindeutige Abläufe waren, auch das Deutsch sein........war gut erkennbar. Das sind aber alles bloß Mäntel oder Anzüge oder Hemden die es abzulegen gilt wenn man möchte oder will auf dieser langen Reise ohne Anfang und ohne Ende. Dieser großen Bewegungsorgie der Energien oder Schwingungen, der Vibrationen oder Felder oder aber auch Netzwerke des Miteinanders.
Ich lebte mein Leben nicht mit Gewalt oder Zwängen, ich war eher noch von Zwängen ab und an gebunden, ich lebte mein Leben auch nicht mit unvernünftigen Maßnahmen, aber ich war eher sehr stark in unvernünftige Maßnahmen von anderen

78

gebunden, sei es, das System die Struktur die Gier oder die Bösartigkeit der so genannten Verantwortlichen, die gar keine Verantwortlichen sind. Sie sind eher Verwahrloste und Täuscher. Ich lebte nicht mit der Einstellung dass ich alles haben könnte hier auf der Erde. Alles was ich habe wollte das war maßlose Selbstverblendung und Wirrnisse die ich da sah. Die Wirrnisse auf der Erde waren damals schon sehr groß obwohl ja auch damals in den spät Sechzigern und Anfang Siebzigern die ersten Kleidungsstücke der Zwangsjacken der Vergangenheiten und deren Falschheiten und Zwänge abgelegt wurden und aufgesprengt wurden, Falschheiten die als Wahrheiten gelebt wurden und politisch sowie menschlich religiös als Wahrheiten traumtänzerisch ihren Sinn und ihre Bedeutung verloren hatten, denn eine frischere Form der Intelligenz und des selbständigen Denkens kam mehr durch, irgendwann egal wann wird auch die subtilste Zwangsjacke des Denkens des Glaubens und der damit verbundenen Unwahrheiten einen erdrücken und das eigene Leben inakzeptabel machen, weil auch wenn nicht genau erkannt werden kann was es ist worum oder weswegen aber trotzdem erkannt wird, das hier was in den menschlichen Gesellschaften nicht stimmig ist ,es werden zu viele Unwahrheiten gelebt und als Wahrheiten vorgetaumelt, der Prozess dieses sich wandeln vom Raubsäugetier Mensch zum Mensch, Mensch, ist eine Abwerfung der Traditionen und des Glaubens aber auch eine Abwerfung der Wissenschaften und des Wissens überhaupt.

Irgendwann muss jeder und wird jeder egal ob aus Senegal oder aus China oder aus USA oder Deutschland oder England egal woher er kommt, die Entscheidung treffen, zu sich selbst zu kommen und sich die Frage stellen „was bin ich wirklich", wer bin ich wirklich.

Denn das was du wirklich bist ist immer Frieden und Wahrheit ist immer Liebe und Verständnis ist immer unendliche Glückseligkeit und viel, viel, mehr als das, wirklich viel, viel, viel, mehr als das, aber diese Identifikation mit dem Körper und auch mit dem damit verbundenen Denken und auch mit dem Verstand ist eine Bindung an das Raubtier, „mehr nicht", und damals war das Leben für mich auch noch Kampf, ich selber noch unter dem Eindruck des Raubtiers-Mensch-bloß war ich mir dessen nicht bewusst, denn ich tötete noch um zu leben, bewusst oder nicht spielt keine Rolle, so war es damals. Ich fraß Leichen und genoss den Gestank der gebratenen

Leichen.Weil es Gewohnheitsenergien waren, die einen daran hinderten es aber auch nur im Geringsten anders zu erkennen, sinnliche Blindheit.

Ich tötete die Fische die ich fing. Ich war beteiligt an dem töten der Rinder der Schweine der Kälber der Hühner und Puten, ich war beteiliget an dem töten der Schafe, weil ich deren Fleisch noch kaufte und fraaaß. Denn von essen kann noch längst keine Rede sein solange der Mensch noch tötet..............................!

Aber das was wir wirklich sind, das heile, das ganze das war schon immer völlig unabhängig davon von diesen Handlungen und diesem töten. Aber sobald du erkennst das du das bist, wirst du auch kein Fleisch mehr essen wollen und können es stinkt zu sehr und stinkt sehr- stark nach Leiche egal wie auch immer. Ob die 5 Sterne Köche es mit Gewürzen und Soßen, akzeptabler machen wollen es ist Leiche und stinkt danach. .

Aber damals da am See das war einfach prima, da zu sitzen und die Füße auf dem heißen Sand zu haben, Badehose an, die Holzplanke des Tisches voller Lebensmittel wie es ja so schön gesagt wird die aber ab einem gewissen Zeitpunkt keine mehr sind weil sie selber...die..Ent-Wicklung aufhalten, die Einsichten..und eine Bindung an das Reich des Tieres aufrecht erhalten eine Bindung an das töten leben. Und da ja gigantische finanzielle Interessen heute die globale Macht erreichen wollen und schon haben, bleibt die Wahrheit in der Zwangsjacke der finanziellen Interessenverbände die ihre abgrundtiefe Bösartigkeit behaupten wollen egal wie egal wie.

Das kann leicht geknackt werden indem einfach dieser Konsum nicht mehr gekauft wird. Denn dass das menschliche Leben Fleisch braucht der menschliche Körper Fleisch braucht ist ein Aberglaube aufgeheizt durch Machtinteressen und den üblen Eigenschaften dieser Verblödungsfabriken der Finanz und Machtkonzerne.

Jeweils zu dritt saßen wir uns gegenüber an dem selbstgebauten Holztisch da direkt am plätschernden Wasser dieses sauberen Sees.

Der Sand selber war hier gelblich, aber an anderen Stellen um andere kleine Inseln die im See lagen war der Sand tatsächlich Schneeweiß. Sowas hatte ich damals in Kanada noch nicht gesehen und überhaupt an Seen im nördlichen Hemisphären Bereich nicht erwartet. Während wir dort genüsslich aßen, entdeckte der Österreicher neben Wolfgang in unserer Reihe weil diese Reihe den Blick auf den See hatte einen schwarzen Kopf da hinten auf dem See, es war ein Bär der ruhig den See schwimmend überquerte. Jetzt im Nachhinein bin ich erstaunt dass keiner von uns Anwesenden damals selbst einen Sprung in den See machte. Überhaupt bin ich in Kanada sehr wenig in Seen schwimmen gewesen, seltsam.

Der Bär schwamm ruhig seine Runde über den See und schüttelte dann das Wasser am Ufer ab um dann ohne sich umzudrehen seinen Weg durch den Busch zu machen.

Ich war nie jemand der sich dem Wamst den Magen voll schlang und dann ermüdet, da auf dem Boden lag oder aber andere Beschwerden sich sozusagen anfraß. In mir war immer ein geordnetes intuitives Essverhalten in Bezug zur Menge. Alles schmeckte mir und ich habe nie Verdauungsprobleme gehabt mit meinem wunderbaren Körper. Ein Suchtproblem habe ich auch nie gehabt. Obwohl ja gesagt wird, das Süchte sehr subtil sein können und sich als Uralte Gewohnheiten schon gar nicht mehr erkennen lassen, weil sie zum Normalbild des menschlichen Lebens geworden sind.

Deswegen fragte ich mich damals auch nicht weswegen sich eine allmähliche Steigerung des Alkoholkonsums in Wahrheit bemerkbar gemacht hatte

83

ohne das darüber nachgedacht wurde. Konnte es bloß der sinnliche Genuss sein oder lag da noch etwas anderes dahinter, denn weswegen wird etwas gesteigert, auch wenn es unbewusst abläuft, denn hier die Frage: Wer steuert das Unbewusste. Denn das es etwas geben soll in der Existenz der Schöpfung des göttlichen das Quatsch Blödheit und Unlogik ist das stimmt. Das ist aber die Denkmethodik des Negativen des Zerstörerischen um die Raubsäugetiere vom göttlichen und der damit verbundenen denkerischen Einsicht abzuhalten die dann zu ganz anderen Resultaten kommen würde, als wenn allgemein diese wissenschaftliche Überblödheit akzeptiert wird die besagt dass das Universum aus einem Urballurknalli entstanden wäre und alles reiner sauberer Zufall ist, denn so sind deine Resulatate Verwirrung und eine damit sinnlose blöde Umherirrung in deinem Leben das sogar für dich selber eine Leidensarie wird die immer mehr zur Selbstzerstörung werden kann und auch wird. Das ist ja heute gut zu sehen, wie die Massen der Menschen weiterhin verblödet werden und bloß erhellt werden wenn's darum geht wirtschaftliche Vorteile zu erarbeiten, also rein finanzielle Ziele verfolgt werden die der Ausbeutung der Menschen und des Planeten dienen, und zwar denen die das seit Jahrtausenden schon machen das sind alte Strukturen alte Gruppen und gigantische verblödetet Sekten die sich auf die Weltherrschaft durch Macht Geld und Politik durch Wirtschaft Wissenschaft und Ausbeutung aller Gruppierungen die, die Menschen sich aufbauen, ihre Ziele verwirklichen.

Selbstverständlich kann rein logisch daraus nur Chaos und Niedergang entstehen.

Auch wenn der Geldberg größer als der des Himalaya wäre, es nützt alles nix, diese Macht Sekten und Idioten sowohl im Denken als auch in der Fantasie sowohl im Fühlen als auch in der Weisheit sowohl in der Intelligenz als auch in der Vernunft sowohl in der Wissenschaft als auch in der Religion, sie sind allemal, Blinde dumpfe Raubsäuger geblieben, behaupten aber von sich das nicht zu sein.

Auch die Religionen die allesamt weltweit Sekten sind, hier darf man sich nicht von Worten und Zusammensetzungen von Begriffen verblöden und blenden lassen, auch diese Religionen und deren Führer und Führerinnen sind alles bloß Raubsäugetiere geblieben . .

Und was kann wohl dann das Resultat sein. Natürlich Raub mehr nicht. Ja also wer steuert denn bloß das Unbewusste, falls schon irgendjemand jemals mit dem Unbewussten gesprochen hat und es persönlich kennt, hohoho, hier wird klar wie blöde diese Begriffe von diesen Psychoexperten sind, das sind reine Phantasieprodukte die gar keinen Wahrheitsgehalt haben und wenn der angeblich vorhanden wäre, ok, wer steuert dann das Unbewusste, das noch Unbewusstere, mit anderen Worten, das Unbewusste ist ein Begriff der besagt, ich weiß es nicht was die Wahrheit ist. Ich nenne es NichtWissen. Unbewusst. Oder auch Bewusstsein, also Wissend Sein mehr nicht. Die ganze Psychoebene ist eine wirre Ebene des menschlichen Ablaufs, und eine niedere wirre Irrgarten Fahrt durch die Abläufe des Vorstellens und des Denkens aufgebaut.

So, das Wasser plätschert da am See vor sich hin, die Vögel kreischten, das Feuer brannte sich leer, wir saßen da noch am Tisch tranken unsere Biere oder Wein, erzählten uns Geschichten, oder Pläne die wir hatten zum weiteren Ablauf des Nachmittags.

Unter direktem Sonnenlicht in der Wärm lässt es sich leichter Leben als in den Büros mit ihren künstlichen Lichtformen und ihren blöden Maschinen und Geräten. Hier bekam der Körper noch direkte Energie eingeflößt weil er sich freigemacht hatte und das Sonnenlicht aufsaugte, aber wer kein Selbstvertrauen hat und den stupiden Worten der Wissenschaftler in manchen Kategorien glaubt, anstatt sich selber, der wird natürlich auch Opfer ihrer ignoranten Aussagen in Bezug zum Licht der Sonne und seiner Wirkung; und da diese Halbaffen in ihren Labors mit ihren öden Universitätstiteln sich damit schön längst selbst verblödet haben, können sie auch gar nichts anderes als andere genauso zu verblöden, oder etwa nicht.

Ich selber hielt damals aber noch sehr viel von der Wissenschaft. Obwohl es gar keine Wissenschaft gibt, so dumm war ich damals auch noch. Ich dachte die Wissenschaft schafft das was der Mensch vermasselt hat, das kann er auch wieder entmasseln. Aber bloß in einem sehr engen Rahmen und auch bloß wenn er konsequent das Wahre will und nicht das synthetische für sich und die Erde.
Nach dem Essen lag ich da auf dem Sand und schaute umher, oder hörte zu. Das ganze theo-retisieren war mir zu langweilig. Mir war ja mittlerweile auch schon klar das ich in den Ingenieurbüros nicht alt werden würde, als mir bewusst wurde was sich da abspielt und in was für einer Umgebung ich 40 Jahre sein würde .Nein danke. Die Zeit verging nicht aber die Bewegung brachte andere Lichtverhältnisse

mit sich. Die Uhrzeit verging immer sie tickte vor sich hin in dem Wahn Wahrheit zu sein und andere damit zu verblöden hatte sie gute Gesellschaft gefunden bei denen die genau so blöde waren und sein wollten.

Der Tag da am See Baskatong hatte nun seinen Zenit überschritten. Er war einfach so weiter gegangen. Die Sonne raste mit enormer Geschwindigkeit umher die Erde auch der Mond auch, alles drehte sich um sich selber tauchte da auf und tauchte da unter. Das bewegende wurde bewegt. Dort entstand neues sichtbares aus dem unsichtbaren, aber unsichtbar bloß weil auf dieser Ebene es so aussieht in Wahrheit ist alles sichtbar auch das unsichtbare. Es gab keine Geheimnisse und kein Versteckspielen, Versteckspielen wie in der Kindheit das gab es und das war Freude. Freude am finden und Freude am verstecken und Freude am gefunden werden.

Ich war ziemlich abgemagert gegenüber all den anderen 5 Männern die dabei waren. Ich war abgemagert nicht wegen Ernährungsmangel oder finanzieller Armut und dessen Konsequenzen, oder wegen Krankheit, nein ich war abgemagert wegen für mich Dauerstress, es war nur Arbeit, Arbeit, Arbeit, Arbeit, unter Menschen in einer gigantischen Stadt mit gigantischem Verkehr mit gigantischem Giftpotenzial, Arbeit auf der Highway nach Montreal vom Westen der Montreal Inseln in die Mitte direkt ins Zentrum von Montreal, die Staus auf dem Weg zur Arbeit die Staus auf dem Weg zurück nach Hause, das bisschen Urlaub ,die 3 Wochen, immerhin das war schon besser als in den USA die werden ja total abgezockt und als Rindviecher gehalten obwohl sie sich rühmen frei zu sein. Die USA hat im Westen das ärmlichste System ein echtes Raubsäugetier System kein Wunder weswegen die auch noch ihre Colts und Pumpguns und Maschinenpistolen und Flammenwerfer plus 3 Tonnen Munition zuhause haben. Ein Volk der allgemeinen Selbstbetrugsverblödung, halt noch Wilde, Barbaren, mit Atombomben mit dem Gesetz der Wilden, das als der Weg der Wahrheit auf ihren Dollarscheinen angepriesen wird. Aber diese Prise ist eine Prise Gift.

Ich war müde und abgearbeitet, trotzdem haute ich noch rein, feierte mit, fraaaaaß mit, verdiente mit, sah die Häuser die gebaut wurden die Familien die entstanden, sah die Wolken vorbeiziehen und den Regen fallen ,sah die Blizzards, im Winter und die enorme Schwüle im Sommer in Montreal. So interessant das auch aussah und gemacht wurde von den Machern und Macherinnen das war in Wahrheit nicht meine Welt, nicht mein Weg mein Leben, ich war innerlich schon am abbauen, weggehen ich wusste das aber zu dem Zeitpunkt noch nicht genau. Die Männer mit denen ich zusammen war waren alle sehr fleischliche Typen. Ihre Körper waren sehr geerdet. Ich aber schien im Wirbelsturm der Galaxien direkt in der Mitte zu sein, denn auf meinem Kopf waren eine Vielzahl von Haarwirbeln die einen Frisör zum verzweifeln bringen konnten wenn er versuchte seine Vorstellung von einem Haarschnitt anzuwenden. Und jeder Wirbel, jeder Galaxiendrehpunkt, brachte eine andere Frequenz in mein Leben, eine andere Sichtweise, eine andere Ansicht, eine unterschiedliche Einsicht. Und das musste alles erst mal verarbeitet, verdaut und vernetzt werden.

Natürlich sprach ich mit Niemandem über mein Innenleben. Das wurde damals dort nie gemacht. Es wurde über Themen geredet die aktuell waren, der Vietnamkrieg, der Wahnsinn des Mordens und die Einsicht das die USA eine Bande von Banditen als Repräsentanten haben, eine Gruppe von totalen Verrückten und Bekloppten, die die dummen dann Ausbeuteteten. Was das wohl für ein Resultat sein wird in der Zukunft. Nixon mit seinem Verbrecherversuch die dummen Amerikaner noch mehr auszubeuten und zu versklaven, das ist ja der Sinn des Talud, und das ist auch der Lebensweg des alttestamentarischen Gotts Jahwe, einem Vollblut mordlustigen Überverbrecher, der Massenmorde verlangt und Vergewaltigungen und abschlachten und Tieropfer, und der Talmud eine Schrift die auch zu diesem Niveau gehört redete dann davon das alle anderen Tiere sind alle anderen Völker auf der Erde. Und das diese Tiere dann von ihnen betrogen und ausgebeutet werden sollen und dürfen. Aber von solchen Banden von Über-Verrückten wurde die USA geführt, auch heute noch, und die anderen Völker sind nicht besser, außer denen die schon besser sind.

Nixon hatte man entdeckt, versuchte, unter dem Deckmantel hilfreich zu sein mit seiner Gruppe Banditen alle wohlangesehen und wohlgebildet wie es so schön genannt wird und mit Titel und Wohlstand für ganze Völker aus Afrika, er versuchte in alle TV-Geräte ein Gerääääät einbauen zu lassen, mit dem eine Atomangriffswarnung sofort mitgeteilt werden konnte. Die Marikaner sind schon sehr verrückt. Jene......die......so....verrückt sind....... nicht alle......hier muss sehr genau.........unterschieden werden……..wen…ich..in ..Wahrheit ansprecher und bespreche……nämlich..bloß die Üblen…die Wildsäue der Raubmenschen…..Und falls sich da…….welche aufregen….dann können es nur solche sein…..die nämlich….genau so sind…….. und dann war es ja ein….Volltreffer….Denn wenn ich hier Ausspreche…..und Ausschreibe…. was ich denke und gesehen habe und erfahren habe,…..auch wenn es einigen nicht passt…..so wird es einen Menschen….der gar nicht so ist…..und Nichts….damit zu tun hat….gar nicht ansprechen…und er wird keine….Resonanz darauf zeigen. Aber da die meisten Menschen in der Raubtierwut ihrer Unfähigkeiten noch gefangen und benebelt sind, von ihren dumpfen Instinkten, werden Sie alleine schon mit der Kollektivenergie, Wutanfälle bekommen. Nicht weil sie die haben, sondern will der Nachbar sie hat. So blöde sind Raubtiermenschen noch.

Aber in diesem Nixon-Gerät, fand man heraus, war eine besondere Fähigkeit, nämlich, war ein Abhörgerät dabei. Es war sehr subtil aufgebaut. So konnten sie dann den Überwachungswahnsinn einsetzen. Es gibt heute und damals und noch vor damals Gruppen von Banditen und Verrückte, die mit immensen Zeitspannen rechnen um ihre Versklavungsmacht

92

auszubauen, weil sie sich bewusst sind wie das Leben hier abläuft auf der Erde.

Der Talmud erlaubt das töten und ausbeuten von anderen Völkern. Ja, es ist eine Ehre das zu tun. Die Gojim, die Anderen, die Tiermenschen zu versklaven zu betrügen, belügen, kaputt zu machen. Davon sind viele der östlichen Völker der Steppen und Bergaffenmenschen beeinflusst, weil es ihnen gelegen kommt ihre Mordlust und Schlechtigkeit auszuleben, und dafür noch eine schriftliche überlieferte Genehmigung zu haben, die sich sogar den Sektenmantel gibt und sich Religion nennt.

Alle Religionen ohne Ausnahmen sind ja Sekten, also ergo falsch und sektiererisch das bedeutet sie zerteilen und zerstören und vergiften in Wahrheit das Klima der Entwicklungen aus dem Raubtier heraus zu Menschen und mehr als das, zur Selbsterkenntnis und zur Gotteserkenntnis.

Aber in Wahrheit sind die Menschen heute schon fast total versklavt. Bald werden sie sogar kein Bargeld mehr haben, sie haben sich so immens verblöden lassen weil sie eben blöde sind, das alles mit Scheinheiligen gerissenen Argumenten der Einfachheit und des rationalen kostengünstigeren vermarktet wird, bald ist alles auf Plastik, und du wirst kein einzigen Pfennig mehr haben, weil du nix mehr für dich haben kannst. Es ist alles bei anderen gelagert, das ist ganz verkommen und schlau aufgebaut, bei denen für die die Welt aus Geld besteht und alle anderen sind bloß blöde Gojim. Schaut mal nach im Talmud, lest den mal, überzeugt euch selber was da über euch und die anderen steht, und wie ihr zu behandeln seid und was man mit euch vor hat , so ist es schon längst. Ihr seid schon versklavt; aber es wird noch enger werden.. Denn es gibt laut deren Denken zu viele von euch. Der Talmud, der sowas beinhaltet, wenn es stimmt, denn ich habe ihn nicht gelesen, bloß Auszüge in anderen Büchern, ist Faschismus. Faschismus hat es schon immer gegeben. Faschismus ist nichts anderes als das Raubtier Mensch, der Raubmensch.

Der Club of Rom das ist Faschismus in seiner Tarnkappe, viele Organisationen sind pure faschistische Ziele unter dem Deckmantel der Demokratie oder Tarnkappe der Religion oder des Staates oder nationaler Gruppierungen oder Vereine und Brüderschaften und SchwesterSchaften.

Aber das gehört zum Leben auf der Erde. Darüber stehe ich und lächle vor mich hin, da, am See Baskatong, wo ich nun auf dem warmen Sand liege und mich erhole und freu. .

Damals da am See in der Stille unserer Seele an dem schönen Wochenende, das es in Wahrheit nicht gibt, wusste ich Nichts von all dem Schrott den die Menschen sich global zusammenkotzen weil sie Angst haben oder dumpf sind es aber als Intelligenz darstellen, mit ihren blöden Professorentiteln und abgeordneten Status oder mit ihren einflussreichen Verbrechern und Betrügern. Aber ich ahnte das da was dumpfes mich umgab eine Unzulänglichkeit eine Art Wahnsinn den man nicht mitmachen sollte und für richtig empfinden sollte ohne darüber nachzudenken, ohne kritisch zu sein, oder noch wichtiger ohne seiner Intuition und seinem sauberen Selbstempfinden zu folgen.

Mir wurde Geld angeboten, Positionen, Verträge, und Verpflichtungen da, mit zu machen, in ihrem Abzock und Betrugssystem. Man wollte das ich mich versichere, versichern bis zum Ende der Welt und bis zum Anfang der totalen Selbstverblödung ohne jegliche Einsicht und Absicht ohne jegliche Vernunft, obwohl die Vernunft selber noch eine Benebelung ist, mag sie sich noch so klar darstellen, sie ist Unklarheit und Unwahrheit.

Ich sollte ein Bürger sein, aber ich wusste intuitiv das ich keiner war, ich wusste sogar intuitiv das ich kein

Mensch war und heute weiß ich das ich kein Mensch bin, noch nie war, Mensch war, und nie ein Mensch sein werde. Und ich bin sehr, sehr, froh darüber. Ich bin eben nicht die Hülle der Raumanzug oder der Körper. Nicht bloß theo-retisch sondern als Erfahrungsschatz und Wissen.

Aber damals, da am See wusste ich Nichts davon. Hatte aber schon Merkmale und Einsichten die schnell vorüber zogen ohne dass ich daran arbeitete, zu wissen was ich in Wahrheit bin.

In den USA wurde, wurden, über Werbekampagnen die große Freiheit proklamiert aber die wussten nicht mal das sie die großen Gefangenen Gefangenschaft ernten würden und schon hatten. Die Angebote der nordamerikanischen Art und Weise waren riesige bindende Chaostheorien vollzogen von gebildeten strukturierten Denkabläufen die direkt zur Verblödung führen dem Himmel also für Bürger und deren Unterstützer. Denn die, der Sektenraum vieler die Demokratien als Wahrheit leben oder von denen die Religionen als Wahrheit leben ist ein Verblödungstraum.

Man hatte und wollte mir weiterhin weismachen dass ich lernen muss um weiter zu kommen, dabei sein zu können, im Leben weiter zu kommen. Wie es so schön formuliert wird, mehr Geld zu haben, ein Haus eine Auto, Frauen, Reichtum, bessere Berufe, aber das hatte mit mir aber auch nix zu tun.

In Wahrheit war ich frei von all dem, frei von Lernen frei vom verrückten Aufbau dieser menschlichen Errungenschaften ihrer blöden dumpfen Systeme die allesamt Ausbeutungssysteme zurzeit sind. Ich war frei von den Zwängen der Mitmachszenen, ich war frei von dem kollektiven Wahn und seinem seit unbeschreiblich langer Zeit Urzeit aufgebauten Energien und Bindungen, ich war frei vom psychologischen Netz der verrückten benebelten Forscher und Diplomraubsäugetiere, ich war frei vom mentalen Ablauf der Mentalebene und deren Bindungen ans Denken oder deren Energien, ich war frei vom Ursache Wirkungsbereich dem Kausalen oder was du säst das sollst du ernten denken, ich war auch frei vom astralen Bereich mit seinen Wesen und Schichten der feinstofflichen Bereiche.

Und dieser Alkoholkonsum und der Konsum von anderen pflanzlichen Mitteln, der war das stille Wissen um den Sinn und das Suchen danach, sich nicht vom erschaffenen betäuben zu lassen

Da am See Baskatong, da war damals trotz allem noch nicht erkannten, eine gewisse Bereitschaft voll mit zu leben mit denen mit dem und mit allem.

Am späten Nachmittag stiegen wir dann wieder in unsere Boote um zu Angeln. Der See war glatt, die Wolken spiegelten sich auf der glänzenden Oberfläche des Wassers. Der Horizont lag flach in der Ferne des Sees. Flache hügelige Konturen formten ein dunkles Band aus dem die Wolken scheinbar hervorquellen. Die Frösche hatten wieder angefangen ihren Quaaaakboogy anzustimmen. Es waren die Stimmen von Tausenden von Fröschen die in der nördlichen Bucht von uns Samba tanzten.

Richard blieb mit dem Bruder seiner Frau am Zeltplatz. Die beiden österreichischen Brüder fuhren in eine andere Richtung als ich. Ich suchte eine nördliche Richtung um an schöne Buchte zu kommen, dort wo viel Gehölz im Wasser war oder wo Flächen mit Wasserpflanzen zu sehen waren. Nun war ich wieder als Raubmensch unterwegs ein Raubtier das Leben tötete und glaubte das müsste es tuen um zu Leben. Ich fand sehr schöne Buchten, voll geladen mit großen ausgebleichten Holzstämmen, was alles sehr schön aussah. Ich ließ den rotweißen Blinker, den Red Devil, durchs Wasser gleiten, verfolgte seine Drehungen und Wackelbewegungen, sah wie einige Hechte hinterher schwammen und ihn anschauten, mich aber sahen und eine Wendung zurück in ihre Unterseewelt machten. Ich sah einen sehr großen Hecht, auch er verfolgte den Blinker mit sehr interessiertem Blick und war dabei zuzuschnappen, neugierig war sein Blick. Als er zu schnappen wollte kurbelte ich schneller. Das erstaunte ihn, und er machte eine Kehrtwendung ins dunklere. Wachsamkeit.

An einer anderen Bucht nahm ich die Fliegenrute mit der No.5 Trockenschnur von Scientific Anglers, und meine Hardys Rute, und Rolle ,band einen Royale Coachman an, mit seinem schönen rotweißen Kranz aus Federn und ließ ihn durch die Lüfte sausen und sachte am BachEinfluss über die Wellen gleiten, und fing eine kleine Forelle, die ich wieder zurücksetzte. Es war eine kleine schön gefärbte Brook Trout. Angeln ist ja auch da draußen sein, auf dem Wasser, nicht bloß Fische fangen und sie töten und dann zubereiten zum essen. Angeln ist ja eine sich langsam aufgebaute Kunst oder Tätigkeit die ja global ihre Entwicklung hinter sich hat und in manchen Gebieten ein Philosophie geworden ist. Trotzdem ,und, und, und, Angeln bedeutete für mich viel, damals, es war ein Teil meines menschlichen, Seins, überliefert von meinem Vater der auch Angler war und viel von den Seen in Ostpreußen geredet hatte

die voller Fische waren da in der Alt Seckenburger...
Landschaft in den Nähe des kurischen Haffs dort wo
die Elche noch ihre Feste feierten sofern sie nicht von
Jägern abgedonnert wurden, aber so ist nun mal die
menschliche Evolution ,sie ist eine Bewegung weg
vom Raub hin zur...Liebe und zum heilen Ganzen .
Ich fing noch einige Forellen einige Zander und
Hechte, und nahm einiges mit für die Kühltruhen
um sie später in Montreal zu verwerten.
Als ich zurück fuhr war die Sonne schon niedrig. Die
Frösche sangen immer noch ihren kollektiv indivi-
duellen Song.
Das Feuer loderte, ein sanftes Knirschen entstand als
die Bootsspitze auf den Sand des schönen Strandes
glitt. Ich war der letzte der zurück kam.
Als die Sonne hinter dem schmalen Horizont gesun-
ken war wurde noch mehr Holz aufs Feuer gelegt.
Wieder wurde gegrillt, wieder wurden Bierflaschen
und Dosen auf den Haufen geworfen den wir später abräumten und den Platz.....so sauber...... zu-
rückließen wie wir ihn vorgefunden hatten. Wieder
wurde Wein getrunken, Steaks gegessen, gelacht und
gefurzt, aber nicht......... Als es dunkel war starrten
wir in die Flammen des knisternden Feuers. Viele alkoholische Getränke waren. ..Zeugen....dieser Ge-

genwart.

Ich weiß nicht mehr wie ich ins Zelt kam ,auf beiden Beinen oder auf allen vieren, aber als ich morgens aufwachte, noch vor Sonnenaufgang, machte ich meine Augen auf, aber es ging nicht richtig, was war los , das Zelt war auch offen, aha, Moskitos. Mein Gesicht war zerstochen, sie hatten mir auf die Augenlider ein Samba getanzt und dort ihren Bluthunger eben wie Räuber gestillt. Meine Augen und das Gesicht waren dick angeschwollen aber die Augenbereiche sehr stark. Mit Chinablick bloß noch enger stand ich auf und sah das ich wohl letzte Nacht zu viele alkoholische Getränke zum Feuer abkühlen zu mir genommen hatte. Wohl halb oder mehr schlafend bin ich da ins Zelt gekommen. Ich nahm die Luftmatratze und legte sie auf die schräge Sandfläche vor dem Zelt um mich etwas-auszuruhen- von den Strapazen der Mückennacht. Ich war damals noch Frühaufwacher und spät zu Bett Geher.

Die anderen schliefen noch, da kein Wind in der Nähe war sah der See wieder mal sehr glatt aus. Ein wunderbarer Duft war in der näheren Umgebung. Frischer Duft nach den Pflanzen und dem sauberen Wasser, nach frischer Luft die voll geladen war mit sauberen Energien. Meinem Körper wurde zu der

Zeit sehr viel abverlangt er musste für alles da sein, er musste alle sogenannten Genüsse erleben, wobei ich noch kein Süchtiger wurde, er musste stark sein und ihm wurden seine Reserven sofort wieder weggenommen durch Kraftakte die er wohl gar nicht wollte. Denn sich von den Altlasten seiner Vorfahren zu befreien ist eine erhabene Aufgabe die gute Früchte bringt.

Am späten Nachmittag fuhren wir wieder zurück zur Anlegestelle.

Wir sahen alle sehr zufrieden aus. Ein wunderschöner Himmel mit einem Wolkenpanorama aus leichten flachen Zuckerwattewolken schwebte über dem See, der frische angefahrene Westwind drückte Richards Strohhut nach hinten und er sah aus als ob er nach Mexiko auswandern wollte zumindest den Versuch in die Richtung machen..

Wir verließen den Ausgangspunkt des Sees. Ich fuhr mit Wolfgang der in Wahrheit Wilfried hieß in Richards Auto seinem Mustang, über Mont-Laurier nach Labelle, über St-Jovite nach Laval auf die Insel Montreal dann in Richtung Westen nach Dollard des Ormeaux.

Einige Stunden später saß ich im Zimmer bei meiner Frau die ihre Bekannte von nebenan da hatte und trank etwas Cognac, den die dabei hatten. Frisch geduscht mit einem T-Shirt auf dem -COCAINE-stand. Mein Gesicht sah übel aus zerdötscht und breit geklopft von den •••Schwellungen der sich maßlos gehaltenen Mücken die... da wohl eine Orgie gehabt hatten aber wohl... auch deswegen weil sie endlich mal selber einen trinken wollten oder etwas anders formuliert auch mal in den menschlichen Genuss alkoholischer Getränke zu kommen.

Ob die wohl taumelnd zurück geflogen sind diese Weiber.

Denn von.....den ...Mücken saugen ja bloß die Weiberchen Blut.. ....

Am folgenden Tag würde ich dann früh aufstehen und wieder die Highway vom Westen der Insel ins Zentrum von Montreal fahren, falls Ich nicht blau machte.

Denn bei Vapor Canada bahnte sich eine Veränderungen, eine Umstrukturierung würde man heute sagen an. In den nächsten 6-7 Monaten würde ein Großteil derjenigen die Firma verlassen die 4 Jahre meine Arbeitskollegen gewesen waren und Freunde wurden. Bruce würde die Firma verlassen der Grafiker, Richard, Ich und 2 andere, aber auch Manni Betten aus Wuppertal. Manni würde sich direkt auf Sankt Catherine Street der Hauptstraße von Montreal, einen kleinen Zigarettenladen und Zeitschriftenladen kaufen um dort sein Geschäft zu machen. Aber er würde viel Ärger mit der Halbmafia Stadtverwaltung bekommen, die unter dem damaligen Mayor Drapeaux die Stadt für sich und seine Mafiatruppe zur Beute machte und abzockten. Sie wollten Schmiergelder bloß weil er Playboy und einige andere Skinmagazine hatte. Und er würde daraus die Konsequenzen ziehen und in die USA ziehen mit seiner Frau Huguette um auf Cape Cod ohne Cod's heute, einen kleinen Laden aufzumachen. Ich habe von ihm und seiner Frau dann nie mehr etwas gehört. Erst im Jahr 2010 fand ich im Internet eine Todesanzeige von wichtigen wirtschaftlichen Personen und da war seine Frau Huguette drauf.

Richard Tober, mein Konstruktion Chef würde als Chefingenieur obwohl er Dreher war, gelernt hatte, und niemals ein Studium gemacht hatte, bei der ersten kanadischen Snowmobil Firma eine fabelhafte Position bekommen und sich später mit seinem Bruder eine Firma aufbauen im Umweltschutzbereich.

Ich selber würde eine lange, lange Reise machen in die Meditationsbereiche in die Drogen Welten und in die Reise Welten, und ich würde die von Raubsäugetieren gefestigten Strukturen durchschauen und den Weg der Wahrheit gehen. Aber bis dahin war es noch ein Weilchen, denn erstmals war ich noch in Montreal.

Im April 1973 verließ ich die Firma Vapor Canada. Ravi Behl der neue Chefingenieur stellte mir ein Zeugnis aus. Er war einer der neuen Ingenieure die den Anstoß gaben das viele die Firma damals verließen.

Die Firma war Eigentum der Firma Singer, Singer wo man an Nähmaschinen denkt war tief in amerikanische Kriegsausrüstung verstrickt, heute würde ich für keine Firma mehr arbeiten, außer in Notsituationen, aber ich würde 100% für keine Firmen arbeiten die Kriegsmaterial herstellen , egal auch wenn es Lebensmittel wären oder Medikamente. Damit ist praktisch die gesamte Industrie für mich kein Thema mehr, denn Krieg ist zwar individuell angezettelt von einigen Individuen und Gruppen soll aber kollektiv abgezockt werden. Dafür hinterlasse ich den intelligenten Blöden das Spielfeld.

Ich fühle mich für die Ignoranz der Sieger und Führer und ihre dummen Mitmacher nicht im Geringsten verantwortlich.

Als ich die Firma verließ hatte ich eine neue Stellung mehr in meiner Nähe bei der Firma BELOIT

CORPORATION, diese Firma stellte ganze Papierfabriken her. Im Juni 1973 würde ich an einem Projekt für die Firma CHAMPION PAPERS in COURTLAND ALABAMA arbeiten, und zwar an der Trockenteil Sektion, dort wo das Papier zum trocknen durch die Bänder gefahren wird.

Währen dieser Zeit in der neuen Wohnung da an Sources Road in Dollard wurden die Besuche derjenigen die ihre Rauchstoffe und Trinkstoffe mitbrachten immer häufiger. Wir hatten auch einen Swimming Pool und rauchten uns die Ohren wund wenn's neues Hasch aus Indien oder Pakistan oder Nepal gab. Sehr beliebt war schwarzer Afghane, ein hochwertiges reines Cannabisharz voller Duft und stundenlangem Lächeln, je nachdem was man damit tuen wollte. Ich denke mir wir die sich da alle in der Wohnung trafen wollten einfach erst mal in Ruhe rauchen und feiern und Freude leben, aber was jeder für sich wollte weiß ich nicht, das würde sich vielleicht bei einigen im Laufe ihres Lebens heraus kristallisieren wohl aber bei einigen nicht. Frances und ich zogen dann nochmal weiter, zum Westen in ein neues Apartmentkomplex mit einem höheren Niveau. Mein damaliger Konstruktionschef von Dominion Lock, der Österreicher, wohnte auch dort. Er fuhr nun eine rote Corvette,.

106

Ich hatte meinen schwarzen klapprigen alten siebziger VW-Käfer noch. Dieser Österreicher sein Name fällt mir nicht ein, war ein lebensfroher und toleranter weltoffener Mensch. Ich hatte mit ihm gut zusammengearbeitet. Er war auch wieder frisch verheiratet. Als ich noch mit ihm bei Dominion lock arbeitete, ging ich in der Mittagspause einmal zu dem naheliegenden Autoladen um mir die Autos anzuschauen. Da stand ein roter Jaguar X Typ. Der gleiche den Jerry Cotton in den Romanen immer fuhr. Als ich noch in Heiligenhaus lebte und als Kind diese Heftchen las hatte ich mir vorgenommen mir auch so einen Jaguar zu kaufen….und nun stand er vor mir. 3000 kanadische Dollar wollte man haben..In dem Moment wurde mir klar, bewusst, dass die Wünsche in Erfüllung kommen, es gehört bloß Ruhe und Geduld dazu, weil materialisieren mit menschlichem Körper langsamer geht als ohne menschlichen Körper. Aber ich kaufte ihn leider nicht, weil ich inzwischen zu praktisch dachte. Anstatt für mein eigenes vergnügen. Außerdem hatte ich auch nicht so viel Bargeld. Und etwas auf Kredit zu kaufen, nein, danke, ohne mich. Diese Verblödung überlasse ich anderen gerne. Ich verzichte lieber auf Spielzeuge und bleibe bei mir selber als das ich dem ZinsSatan Unterstützung gebe.

Sooooooo…Ich will hier nun zum Sinn dieser Erzählung kommen. Ich könnte noch viele Situationen und Erlebnisse beschreiben die den Verbrauch und Gebrauch von alkoholischen Getränken sowohl Marihuana und Cocain und Psylocibin oder anderen Mitteln auch LSD erleben ließen. Vielleicht mache ich damit mal ein ganz verrücktes Buch, aber jetzt will ich bloß noch schreiben das wir noch ganz schön wild wurden. Manchmal im Sommer tanzten wir in der Altstadt von Montreal auf Autos auf die wir gesprungen waren unter dem Einfluss von Psylocibin oder unter der Mischung von alkoholischen Getränken und Dormedinas. Oder anderen Stoffen. Ich sah manchmal sehr abgewrackt aus. Physisch.

Als ich noch in der Wohnung in Dollard lebte hatten wir dann wieder eine Menge geraucht es wurden mehrere Sorten Hasch probiert und einiges an neuem Cannabis oder Hanf oder Stoff, dabei wurde dann auch Wein Rotwein getrunken. Immer wenn ich diese Mischung zu mir nahm, den Wein zufügte hatte ich ab und an schwere Erbrechungen. Mein Body konnte das nicht mehr verkraften. Mehr als genug erbrach ich den Mageninhalt in der Toilette, kam lächelnd wieder raus und machte weiter. Ich war bekannt als „Wolflungs" also „Wolfslunge". An die-

108

sem Tag hatten wir eine wirkliche gute Sorten Vielfalt von unterschiedlichen Afghanen und Nepalesen und indischem Hasch. Es war dann mal wieder soweit, ich ging zur Toilette und musste mich übergeben. Das dauerte seine Zeit, und zwar solange bis nichts mehr im Magen war aber trotzdem noch das erwürgende war, erbrechende. Es kam mir so vor als ob ich demnächst den Magen hervorbrechen würde. Agonie entstand, als ich so auf die weiße Toilettenbowle schaute, dachte ich mir wie oft habe ich das nun schon erlebt, und ich wusste die nächsten Vorgänge die passieren würden und fing an, sie im Mentalen zu durchgehen, als mir das bewusst wurde und ich diese Agonie des erwürgenden Erbrechen wollen merkte, da lachte ich auf einmal und sah es als simple Routine an. In dem Moment war ich aus meinem Körper draußen und schwebte über meinem physischen Körper, ohne jegliche Agonie, ohne Schwere und ohne Ihn. Ich war frei von all dem physischen und einfach endlos glückselig. Ich sah den Körper da unter mir der noch seine erbrechenden Konvulsionen hatte mit der verbundenen Agonie. Aber ich hatte Nichts mehr damit zu tuen .Ich erkannte das der Körper gar nicht wirklich lebt. Ich erkannte das Lachen nur von deinem wahren Wesen kommen kann und auf immer zu dir gehört, und bei dir ist egal in welcher dreckigen Situation du auch bist egal wie schlecht es dir auch geht, aber am wichtigsten ich sah total ganzheitlich einmalig zum ersten mal wieder was ich schon immer als Kind wusste das ich Unsichtbar bin und nicht der Körper bin. Als der Körper dann mit seiner Agonie ein Ende hatte schwebte ich wieder zurück in ihn, stand auf und ging zurück zu denen mit denen ich da gesessen hatte, Musik gehört hatte und diese Mengen an Hasch und Rotwein konsumiert hatte, ohne auch nur eine Millisekunde weiter über das erlebte nach oder vor zu denken. Es war sowieso selbstverständlich und normal so zu sein, denn Nichts ist natürlicher als das göttliche zu sein und nichts ist natürlicher als das göttliche Sein-egal unter welchem Blickwinkel das auch gesehen oder verstanden wird. Das war die erste Facette meiner langen Erlebniskette von mir selber und dem göttlichen in mir und um mich.

Und so kann es einem passieren, das man: „Erleuchtung durch alkoholische Getränke" erfahren kann.

Mal eine andere Variante der Erleuchtungserfahrungen. Nicht der Weg der durch Meditation gemacht wir oder Kontemplation und jahrelangen Übungen. Hiermit endet dieses schreiben in Bezug zur Überschrift.

Ich wünsche noch einen sonnigen Tag und eine angenehme Lebensreise. Gruß von Wolfgang Schorat
17.6.2002

26.6.2002

ERLEUCHTUNG DURCH RICHTIGES LESEN
UND RICHTIGES DENKEN.

Gestern am 25.6.2002 schoss Ballack die deutsche
Nationalmannschaft ins Finale der Fußballweltmeis-
terschaft. Eine Konsequenz aus richtigem Lesen und
richtigem Denken ,unter anderem.

Erleuchtung, das Wort hat etwas mit Licht zu tuen.
Intellektuelle würden es verlegen und nicht bloß
auf das Licht beziehen sondern als Einsicht oder
Erkenntnis bezeichnen. Je nach der ergebnisorien-
tierten Phantasie oder dem jeweiligen Umstand der
Situation auf die Erleuchtung angewendet werden
sollte, oder von ihnen würde.

Einsicht ohne Licht ist nicht möglich könnte auf den

ersten schnellen Blick gedacht werden. Denn wie soll etwas gesehen werden wenn kein Licht vorhanden ist. In dem Zusammenhang wird also von Erleuchtung tatsächlich als Licht gesprochen. Und so ist es auch.

Jedoch wenn der Seher aber selber Licht wäre wie könnte er dann Licht sehen, das wäre unmöglich. Das was erkannt werden kann ist immer unterschiedlich zu dem der es erkennt. Auch in der Erleuchtung. Wenn ich zum Beispiel das innere Licht sehe oder erlebe so ist das zwar sehr erfreulich und einiges mehr aber zur gleichen Zeit wird demjenigen dann, das hoffe ich zumindest auch bewusst, dass er ja das Licht sah also selber nicht das Licht war. Und gleichermaßen kannst du also nicht die Dunkelheit sein. Denn dann würdest du kein Licht sehen.

Sooo, weiter werde ich diese Einsichten nicht verfolgen, denn mir kommt es in dieser kleinen Schrift darauf an, zu zeigen wie sich diejenigen die sich abrackern den meditativen Weg gehen um Erleuchtung zu erlangen und all den damit verbundenen Einsichten seiner selbst, und es einfach nicht schaffen, sich alleine durch das richtige Lesen der alten Schriften und dem daraus konsequenten Denken, ihrer Erleuchtung sicher sein können ohne sie erfahren zu haben, und auch zu wissen das sie genau das sind, was jeder total Erwachte sei es ein Buddha oder Jesus, oder all die anderen Profis der Selbsterkenntnis und des Eins Seins mit sich selber und dem höchsten göttlichen, ist.

In dieser Einsicht folge ich den alten Schriften der buddhistischen Lektüren, und zwar denen die als Reden von Buddha selber ausgegeben werden. Nicht den Schriften die von seinen Nachfolgern Mönchen oder anderen-Abteilungsleitern-veräußert wurden.

Ich habe das Diamant Sutra des Mahayana Buddhismus gelesen das Lankavatara -Sutra das Herz-Sutra das Surangama-Sutra, Buddhas höchste Lehre.

Natürlich habe ich wesentlich mehr der buddhistischen Lehren gelesen, aber für dieses Schriftchen reicht das erst mal als Hintergrund Infos.

Wichtig ist folgendes. Sidharta Gautamo, hatte ein riesiges Problem. Nämlich das Leiden und der Tod. Da er, so denke ich mir, er in seiner königlichen Familienobhut ein ziemlich vorprogrammiertes Leben lebte, war er schon längst nicht mehr eins mit der Intuition. Sondern im gewohnheitsmäßigen Denken gefangen, eben Routine, Ritual, Macht, Denken und so weiter.

Denn sonst würde er nicht das Problem gehabt haben, was ja sein Problem war und nicht meins. Denn diese Erkenntnisse die ihm abhanden waren, sind ja in Wahrheit -normal-natürlich und so wie es ist ganz einfach akzeptiert. Aber für ihn war es eine Plage und Angst.

Und heute sehe ich wie sich viele, viele, Menschen das Problem von Sidharta angenommen haben und es nun nacheifern, ihm, den man dann Buddha nannte, gleichzumachen.

Auf diese Zusammenhänge möchte ich hinweisen. Seid wachsam, ob das Buddhaproblem überhaupt euer Problem ist.

Ebenso seid wachsam ob das Jesus Problem überhaupt euer Problem ist.

Ich selber bin sowohl von Jesus als auch von Buddha inspiriert, ohne dass ich jetzt darauf tiefer eingehe.

Viele sind bloß Mitmacher auch wenn sie fette Bücher schreiben und sind sich unbewusst das sie einfach fremd bestimmt sind, indem sie sich von den sehr schönen Einsichten von Buddha oder Jesus sozusagen belichten ließen. Trotzdem, es ist wesentlicher dass jeder seine eigene Wahrheit seines eigenen Wesens lebt anstatt den Weisheiten der Meister.

Was aber nicht bedeutet dass deren Einsichten und Wahrheiten nicht genutzt werden sollen.

Nochmal ein ganz nüchterner Blick auf den Weltatlas

der Buddhas oder Meister und sogenannten Erwachten. In Bezug zur Gesamtpopulation der Menschheit, sind es winzige unterwinzige Mengen die diese Form, ja Form, erreicht haben. Denn die Form ist ja zur gleichen Zeit auch die Veränderung zur Aufnahme dessen was du immer bist. Wenn ich eine Tasse wäre würde meine Wahrnehmung dementsprechend sein, wenn ich eine Pflanze wäre ebenfalls und wenn ich ein Löwe wäre auch, ebenso wenn ich einen menschlichen Körper habe eine menschliche Form. Aus dieser Form heraus kann ich die sogenannte Umgebung leben, mit ihr hier in der physischen Welt in Kontakt treten, und Evolution leben, machen. Aber über den menschlichen Körper seiner Form gibt es noch weitere Formen aus denen heraus das gleiche Wesen das in der Form der Pflanze war oder des Löwen oder des menschlichen Körpers, seine Welt oder Universums Wahrnehmung erleben kann.

In der Form des Buddhas oder des Jesus bist du dann trotz des menschlichen Organismus oder des Menschseins, eine wesentlich größere Form eine andere Form, mit viel mehr Umfang und anderen Möglichkeiten, tiefer gehe ich jetzt darauf nicht ein. Aber das göttliche ist kein Teil, so wie der zur Zeit menschliche Verstand Teile sieht oder darüber denkt oder wissenschaftlich in seinen Instrumenten egal wie groß auch immer denkt glaubt oder hofft zu erkennen. Jede Form die ein Teil sein soll, ist bloße falsche Wahrnehmung und ein Produkt der Unterscheidungsfähigkeit des physischen Sehens.

Betonung liegt auf physisches Sehen.

Das ist aber ein Fehler.

Aber eine Wahrheit des menschlichen Blicks.

Ok, ich höre auch hiermit auf weiter zu spinnen, also einen Pullover zu formen.

Ich will das hier sehr kurz halten.

Wer nun die alten Schriften gelesen hat und gut aufgepasst hat müsste, könnte, dürfte und hat womöglich erkannt das, der Sidharta der als Buddha erwachte, sah, das es in Wahrheit aber auch Garnichts zu erreichen gibt, auf diesem langen enorm arbeitsreichen Weg und dem sich abplagen und schuften bis zur Buddhaschaft oder der Meisterschaft die, dann als Prämie natürlich, die damit verbundenen Fähigkeiten und Daseinszustände erleben lässt.

Was wirklich beeindruckend und natürlich ein Freudenschrei der Überfreude und des Megaglücks ist, denn das bist du, ich, sie er, sie es, jeder in Wahrheit immer, auch wenn jetzt unter den miserabelsten Bedingungen deines Lebens und dem ausbeuten der

Ignoranz dieser unfähigen Industrien oder politischen Idiotenvereine, nicht erlebbar ist.

Weil die Vielfalt ein Reiz dieses Daseins hier auf diesem Planeten sein muss, gewollt ist, denn Illusion ist ja das Spiel der Freude.Und nicht die Täuschung wie es die Negativmentalität sieht.

So wer also aufgepasst hat, wer ein Sucher war, eine Sucherin versuchte spirituell zu leben, religiös zu sein und dergleichen, kann sofort erkennen, dass es sinnlos ist außer er will jetzt im menschlichen Körper diesen Zustand erreichen, sich dafür abzuplacken.

Weil du das was du erreichen willst immer bist, immer warst und immer sein wirst. Natürlich können viele die einfach nicht die Einsichtsfähigkeit haben oder die logische Konsequenzen verdrängen oder nicht haben sowas nicht sehen. Deswegen kommen ja auch andere Meister oder Meisterinnen auf die Erde die dann denjenigen die einfach wenig Intelligenz aber viel Herz haben oder zu viel Herz oder zu wenig Intelligenz haben in die Balance bringen, aber manche erkennen intuitiv was die Wahrheit ist und forschen nicht mehr weiter, weil das Boot dadurch ans andere Ufer gekommen ist. So ich schreibe es nochmal, Buddha schreibt ja Garnichts, er hatte bloß gesagt so will es die überlieferte Schrift die ja

auch erst hunderte von Jahren nach seinem physischen Weggang entstand, also gesagt „es gibt Garnichts was es zu erreichen gibt". Es gibt Garnichts was es zu erreichen gibt. Es gibt Garnichts was es zu erreichen gibt. Du kannst nichts erreichen wenn du erleuchtet wirst weil du das schon immer bist und warst und so weiter. Auch als Bandit, Forscher oder Halbaffe, auch als Pflanze. Orang-Utan, Sonne oder Milchstraße, auch als Universum, Weltall oder das Absolute Göttliche.
Das ist Erleuchtung durch richtiges Lesen und richtiges Denken.

Wünsche noch einen angenehm sonnigen Tag, und auf das die deutsche Nationalmannschaft am Sonntag den 30.6.2002 Weltmeister wird.
Oleee.

Geschrieben und beendet 1,5 Stunden nach dem Anfang des Schreibens am 26.6.2002

Bisher erschienen oder in Vorbereitung von Wolf Schorat

Meditative spirituelle Schwangerschaftslösung *Sachbuch***Buddhas höchste Lehre** *Sachbuch (nach 2600 Jahren zum ersten Mal ins Deutsche übersetzt)* • **SpirituelleTransformation der Industrie** *Anleitung zur Qualitätssteigerung* • **Mit dem Solar-Kanu zur Hudson Bay** *(3000 Kilometer von Saskatchewan zu den Eisbären) Expeditionsbeschreibung* • **Kohlenhydrate Eddy** *Verrückte Erzählung* •**Modernes Amerikanisches Management in München***Wahre Kriminalerzählung* • **Die blitzartige Erleuchtung des Herrn „Z"** *Humorvolle Erzählung* • **Wiedergeburt und Erleuchtung des jungen Werther in Marrakesch***Humorvolle Erzählung*• **Reise zur Fraueninsel** *KomischeLiebeserzählung*• **Die Realität des Geleerten** *Seltsame Erählung mit Erfahrung des übernatürlichen Lichts* • **SigurdLichtlos oder die Menschwerdung eines Engels** *Meditative Kriminalerzählung* • **Als Jesus noch blödelte** *Die Witze die Jesus erzählte, der Vatikan jedoch verbot* • **Als ich noch Jude war***Erfahrungserzählung***DerDetektiv***Detektiverzählung auf spirituellem Niveau*•**SalzigerHonig***Liebeserzählung* • **Gott mit Koffer und Handtasche aufder staubigen Landstraße zur bedingungslosen Liebe***Poetische Erzählung* • **Abschied vom Angeln** *Erzählung* •**Mit Lachsen und Grizzlys am Babine River in British Columbia** *Erzählung* • **Sogar in Kanada lebt der Blues derGermanen** *Verrückte wilde Erzählung* • **Die AuflösungTagebuch-Tage** • **Sie nannten ihn Fuzzy** *Wenn 10-Jährige mißbraucht werden, Erzählung* • **Liebe stinkt nicht***Theaterstück* • **Der Sinn des Papalagie** *Witzige Antworten*• **Ausbildung zum spirituellen Therapeuten** *Ein persönliches Lehrbuch* & *Die Meisterin Ching Hai* & *Rosa Frühling in Montreal Erotische Erzählung* & *Reise zur Badewanne* & *Erleuchtung durch alkoholische Getränke* & *Psychologie der Meister* & *DemokratieFaschisssMuuus* & *Das Mantra „Mich selbst erkennen"*

119

webseiten von schorat

www.ararat-foto-ansichten.de
www.meditative-transformation-der-industrie.de
www.olhos-de-aguas-1974.de
www.nilgans-im-schwalm-eder-kreis.de
www.anleitung-zum-verhalten-in-finanzkrisen.de
www.shizzo-berlin1980.de

Erste Auflage 2014

© TonStrom Verlag, Bad Zwesten
Tel/Fax 05626-1414
Lektorat: W. Schorat
Design u. Satz: W.Schorat
Umschlag: W. Schorat
Alle Rechte vorbehalten
Printed in Germany BoD GmbH

ISBN - 978 - 3 - 932209 - 28 - 4

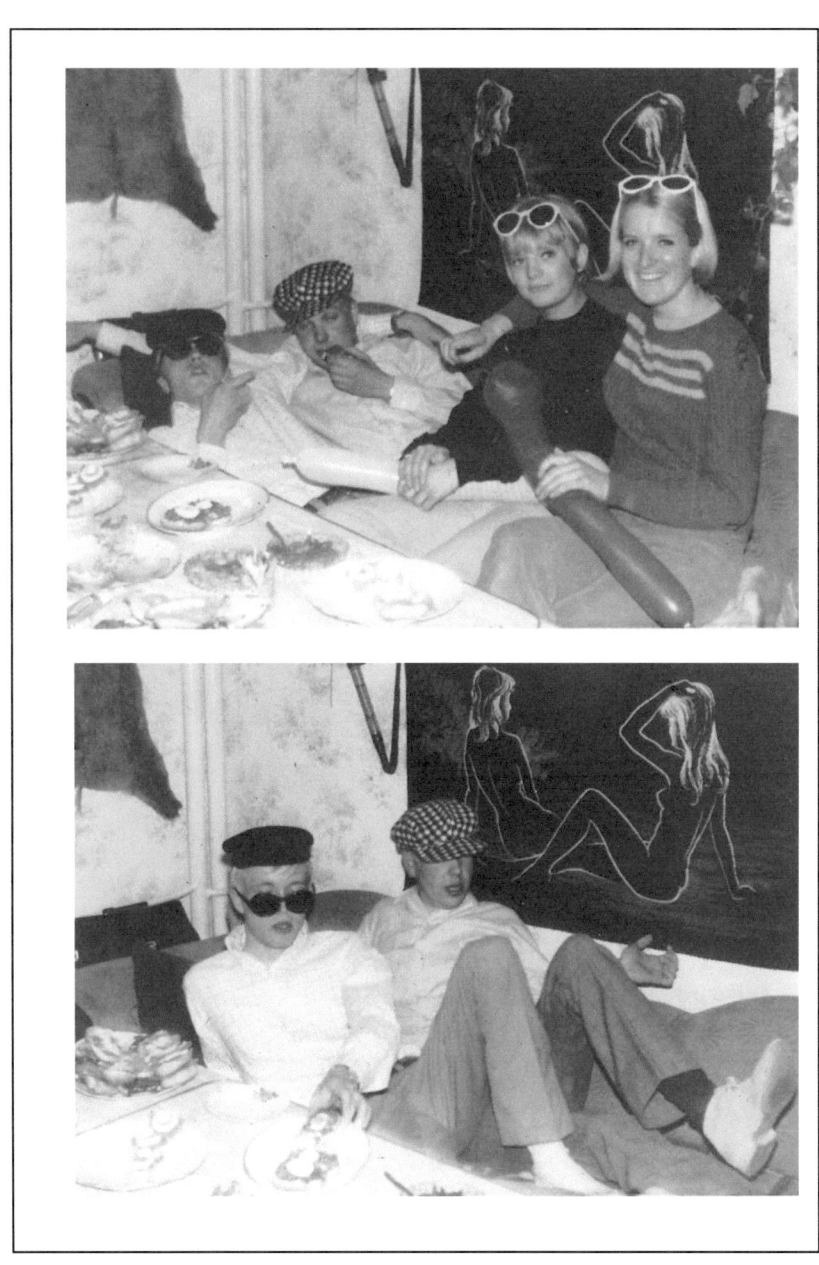

PartyTime 1965 mit viel Alkoholgetränke Heiligenhaus

121

Party Time Gruga Wellenbad Nix Alkoholisch 1966

Party Time ohne Pflanzliche Produkte aus unserem
Herzen dem Zentrum Gottes kam das Lachen
1965

Als Auswanderer wanderte ich mit Lissy und Rosie
damals am Düsseldorfer Flughafen am 3.juni 1967
nach Kanada per Air Canada

Die letzten Minuten mit Gabi am Flughafen

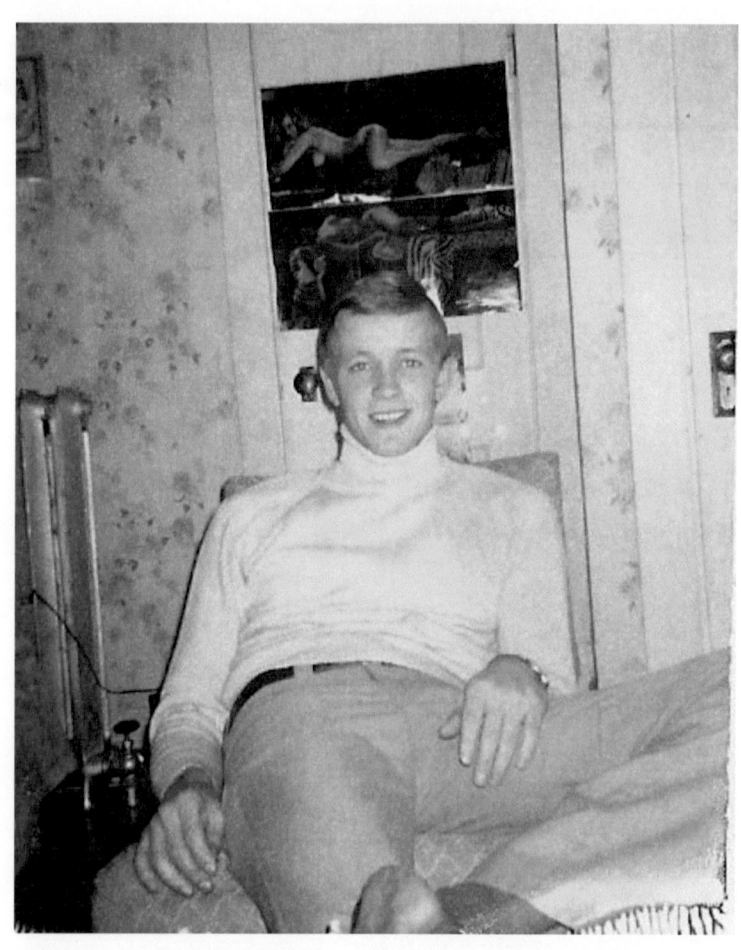

Das einzig brauchbare Fotos aus
Winnipeg Herbst 1967
Hier bei einem Arbeitskollegen

Mit Gordon Ross, Murry Wilson. 68 Barton Street
Ottawa 1986
Als Küchengehilfe Diamond BarBQ

22. Mai 1968 Carlton Universität Ottawa
Bei Murrys Bruder

In Montreal im Wandlosen Konstruktionsbüro der
Firma Vapor Canada 1970

Von Links Allen, Bruce, Richard und Ich
Im Blaupausen Raum
Vapor Canada Arbeitskollegen und Freunde

Das Lake Baskatong Angel Trinkfestival mit
Wilfried, Richard und den Österreichischen
Brüdern hinten

Die Baskatong Schöheit

mit zerstochenen Mückenaugen

auf dem Weg der weißen Wolken zurück nach Montreal

Ich 1973 Marokko
Es stimmt, das LE KIF den Körper zerstören kann aber
nicht den SPIRIT. Der Körper kann zerstört werden
wenn der Kiffer Labil, Schwach, Entkommen, Flucht,
Erleichterung, Unwachsam, Sein Glück im
Pflanzenkonsum sucht. Aber wer nur der reine
Beobachter der Wirkungen Pflanzlicher Extrakte bleibt,
also Bewusst bleibt,der kann sehr gute Erfahrungen
Seiner Selbst und das was Er ist machen.
Wenn pflanzliche Produkte stärker sind als Du dann
lass es lieber sein sie zu konsumieren.
Und wer bist dann Du?

136